Deutschland

Kochen und verwöhnen mit Originalrezepten

Deutschland

Kochen und verwöhnen mit Originalrezepten

Rezepte und Text: Reinhardt Hess

Foodfotos: Martina Görlach

Deutschland erstreckt sich von den Alpen im Süden bis zu den Meeresküsten im Norden – und so vielfältig wie die Landschaften sind auch die Spezialitäten der Regionen.

INHALT

7 Vorwort
8 Deutschland lädt ein
10 Die wichtigsten Zutaten – Kartoffeln, Zwiebeln, Speck und saure Sahne
12 Warenkunde – Gemüse, Pilze und Nüsse
14 Warenkunde – die wichtigsten Kräuter
16 Kochtechnik – Schmoren auf dem Herd und im Ofen
18 Deutschlands Würste – zum Streichen, Braten und Kochen
19 Kochtechnik – rund um die Suppe

DIE REZEPTE

20 **Imbiss und Brotzeit** – Kaltes und Warmes für den kleinen Appetit zwischendurch
42 **Salate und Suppen** – Erfrischendes und Wärmendes für Sommer und Winter
74 **Fisch und Fleisch** – von einfach bis raffiniert
118 **Gemüsegerichte** – Gemüse, Fastenspeisen und Beilagen
136 **Nachtische und Kuchen** – süß und saftig, fruchtig und knusprig

EXTRAS

154 Getränke – Tee, Bier und Wein
157 Deko für jeden Tag
158 Gäste einladen
160 Menüvorschläge
161 Bezugsadressen, Infos & Literatur

162 Rezept- und Sachregister
162 Rezeptregister nach Regionen
168 Impressum

Kartoffel–
Verkauf
Speise kartoffel
Primura
Italien
v.w. festkoch.
1kg 2.80
Speisefrühkartoffel I
Sieglinde
Festkochend Salat
Italien
Galatina
1kg 4.60
Speisefrühkartoffel I
Spunta
v.w. festkoch.
Italien
1kg 4.80
Speise kartoffel I
Biologischer Anbau
Agria
1kg 4.40

Apfel mit
Herz

Guten Appetit

Deutschland hat viel zu bieten: Küsten und Gebirge, weite Ebenen und waldreiche Mittelgebirge, Flüsse und Seen. Und jeder Landstrich, jede Region hat spezielle Gerichte, auch wenn viele in Vergessenheit geraten.
Wenn wir heute in Hamburg Münchner Weißwürste und in Bayern Büsumer Krabben essen können, so ist das zwar erfreulich, zeigt aber auch, dass die Küche immer mehr vereinheitlicht wird. So wie es nun Spargel fast das ganze Jahr über gibt, entwickelt sich eine deutsche Küche, die alle Grenzen überschreitet. Dabei wird oft vergessen, dass die Produkte der jeweiligen Gegend auch wunderschöne Gerichte prägten, die zum Land und zu den Leuten passen.
In Deutschland lässt's sich nicht nur leben, sondern auch genießen. Wild und Pilze aus den Wäldern, Fische aus Seen und Bächen, ein deftiger Schweinsbraten oder frisches Gemüse vom Feld, köstliche Kartoffeln, die besten Würste der Welt und die größte Brot-Vielfalt. Vom Wein gar nicht erst zu reden.
Ein Streifzug durch die Regionen erwartet Sie in diesem Buch, und Sie werden überrascht sein, dass die deutsche Küche vielfältiger ist, als Sie vielleicht dachten.

Reinhardt Hess

Oben: Im Kartoffelland Deutschland findet man auf dem Markt noch eine erfreuliche Sortenvielfalt.
Unten links: Herzige Äpfel entstehen ganz unromantisch: Eine Schablone verhindert, dass sich durch Licht die Schale färbt.
Unten rechts: Essiggurken gehören zur Brotzeit zwischendurch, zum deftigen Abendessen und manchmal auch in die Roulade.

Kohl ist eine wichtige Gemüsesorte in Deutschland. Dazu gehört neben Weiß- und Rotkohl auch der Wirsing.

Deutschland lädt ein

Auf den ersten Blick erscheint die deutsche Küche deftig und nahrhaft, man denkt dabei an Kartoffeln, Kohl und Braten. Kriege und Armut haben sie geprägt, Missernten in einem Klima, das es nicht immer gut meint mit den Feldfrüchten. Erst als es dem Preußenkönig Friedrich II. gelang, die Bauern vom Kartoffelanbau zu überzeugen, gingen die Hungersnöte zurück. Die amerikanische Feldfrucht gedeiht auch auf magersten Böden und bringt höhere Erträge als Getreide.

Andererseits waren die Köchinnen (einst waren nur Frauen für die Ernährung der Familie zuständig) erstaunlich erfindungsreich und ständig auf der Suche nach neuen Gerichten. Fahrende Händler, die durch das Land reisten, versorgten die Leute nicht nur mit fremden Waren und Gewürzen, sondern auch mit neuen Rezepten. So findet man in vielen weit auseinander liegenden Regionen sehr ähnliche Gerichte.

Vieles, was heute als typisch deutsch angesehen wird, entstammt der bürgerlichen französischen Küche, die sich im 19. Jahrhundert bei uns etablierte und in den Städten zum Vorbild für Kochkunst wurde. Sie bereicherte unseren Speisenplan um die »Béchamelsauce«, zu deutsch Mehlschwitze, um »Frikassee« und »Böfflamott« sowie die »Bulette« und den »Muckefuck« (vom französischen »Mocca faux«, dem »falschen Mokka«).

ÄPFEL

Wenn es ein typisch deutsches Obst gibt, so sind das die Äpfel. Überall im Land wachsen Apfelbäume. Aus Äpfeln lassen sich Kuchen und Kücherl backen, Kompotte bereiten und Gelees kochen. Auch in pikanten Gerichten tauchen sie häufig auf. Und was wäre Hessen ohne seinen Apfelwein?

Küche der Jahreszeiten

In einem Land mit ausgeprägten Jahreszeiten war es selbstverständlich, die jeweiligen Produkte der Saison mit Freude zu genießen: das erste Grün nach den Wintermonaten, den heimischen Spargel ab Mitte Mai, Radieschen und Spinat, die Frühkartoffeln und den würzigen Freilandsalat. Kohlrabi und grüne Bohnen, köstliche Erdbeeren und herben Rhabarber. Den Duft von frischen Gurken, der das ganze Haus erfüllen konnte. Die Äpfel frisch vom Baum, die Birnen und Zwetschgen, die im Herbst die Blechkuchen saftig machen und die, eingemacht oder getrocknet, die kargen Wintermonate bereichern können. Jede Jahreszeit hatte ihre Reize, und weil es nicht das ganze Jahr über die gleichen Produkte gab, war der Speisezettel abwechslungsreicher als heute, wo es nur noch ein knappes Dutzend Gemüsesorten gibt, die fast das ganze Jahr erhältlich sind. Aber es gibt ja zum Glück die Bauernmärkte, auf denen man wieder das Gefühl haben kann, den Wandel der Natur an ihren Produkten zu erfahren.

Freude am Feiern

Die christlichen Feste wie Ostern, Pfingsten, Kirchweih und Weihnachten, aber auch die jahreszeitlich geprägten wie Sonnenwende und Erntedank waren immer eine gute Gelegenheit, die Tage mit einem besonderen Essen zu verbinden. Zu Beginn und zum Ende der Fastenzeit, am Aschermittwoch und Karfreitag, gibt es auch heute noch ein Fischgericht. Und wo kein Meer in der Nähe ist, werden Salzheringe oder Süßwasserfische gegessen. Am Gründonnerstag wird ein grünes Gericht gekocht, in Hessen die Grüne Sauce, in anderen Bundesländern eine Suppe mit frischen grünen Kräutern. Der Lammbraten zu Ostern entstammt dem jüdischen Ritual, zum Passahfest ein Lamm zu opfern. Das Erntedankfest und dann noch mal das moderne »Halloween« geben Anlass, die reichen Gaben des Herbstes in vollen Zügen zu genießen. Der Gänsebraten an Kirchweihfesten und vom Martinstag am 11. November bis Weihnachten entstammt der alten Tradition, zum Ende des bäuerlichen Jahres die Gänse zu schlachten und zu verzehren. Den Silvesterkarpfen gab es früher eher an Weihnachten, aber noch immer heißt es, wer eine Schuppe in seiner Geldbörse aufbewahrt, dem geht nie das Geld aus.

Speisen-Plan auf deutsch

In früheren Zeiten war die erste Mahlzeit des Tages sehr karg, es gab eine dicke Suppe aus grob gemahlenem Getreide, mit Wasser oder Magermilch gekocht. Auch Milchsuppen mit Mehlklößchen oder aus gesäuerter Milch, die im Bayerischen Wald als »Herbstmilch« den ganzen Winter über gegessen wurden. Dazu gab es hartes, deftiges Brot, das in die Suppe gebrockt wurde. So kam es zur Redensart »Der hat sich aber was Schönes eingebrockt«. Das zweite Frühstück, oft draußen auf dem Feld verzehrt, erinnerte schon eher an heutige Essgewohnheiten: Brot mit Wurst oder Speck.

Wichtiger ist der Imbiss, die Brotzeit, die kleine Mahlzeit zwischendurch, die aus Buletten und Soleiern, aus Weißwurst und Brezen oder »Halvem Hahn« (so heißt ein Brötchen mit Käse und Senf im Rheinland), aus Wurst und Schinken bestehen kann. Oder, am Nachmittag geschätzt, Kaffee oder Tee mit Kuchen, Keksen oder anderem Gebäck.

Das Mittagessen spielte meist keine große Rolle, man arbeitete auf dem Feld oder im Büro und nahm sich oft nur Zeit für eine Suppe. Auch heute sind Suppen noch sehr beliebt und werden als Vorspeise gegessen. Die reichhaltigere Version heißt Eintopf und stammt aus einer Zeit, in der das Essen vor allem dem Sattwerden diente und deshalb alle Zutaten in einem großen Topf gegart wurden. Erst abends gab es ein vollständiges Menü mit Suppe, Hauptgericht und Nachspeise, wobei das Hauptgericht aus Fisch oder Fleisch mit Gemüse und den unvermeidlichen Kartoffeln bestand.

SAUERKRAUT

Auch wenn es kein hohes Ansehen genießt, Sauerkraut half mit seinem hohen Vitamingehalt schon immer über die gemüsearme Winterzeit. Im Herbst wurden Berge von Kohlköpfen gehobelt, im großen Holzfass gestampft und eingesalzen. Milchsäurebakterien erzeugen die Gärung, die dem Kohl die Säure gibt und das derbe Gemüse weich und leichter verdaulich macht. Durch die Säure wird der Kohl auf natürliche Weise haltbar und behält seine wertvollen Inhaltsstoffe. Noch ehe man etwas von Vitaminen wusste, reisten Fässer mit Sauerkraut auf den großen Segelschiffen mit, um dem gefürchteten Skorbut vorzubeugen.

1
2
3
4

Die wichtigsten Zutaten

Basis der einfachen deutschen Küche sind Zutaten, die gelagert werden konnten. Daher lohnt es sich, auf wirklich gute Qualität zu achten.

1. Kartoffeln

Sie heißen in manchen Regionen »Erdäpfel« und sind gesund, haltbar und vielseitig zu verwenden. Auf mageren, sandigen Böden wie in der Rheinebene, in norddeutschen Heidegebieten und in den großen Flusstälern im Osten wachsen besonders aromatische Kartoffeln.

Bei abgepackten Kartoffeln wird die Kocheigenschaft auf der Packung angegeben. Je weniger Stärke eine Kartoffelsorte enthält, umso fester bleibt sie beim Kochen. Was fest kochend heißt, eignet sich für Kartoffelsalat und Pellkartoffeln, zum Braten, Schmoren und für Aufläufe. Die vorwiegend fest kochenden Sorten taugen für Salz-, Pell- und Bratkartoffeln, Suppen und Eintöpfe und sind nach dem Garen nicht so fest und feinkörnig; ihr Geschmack reicht von würzig bis neutral. Echte mehlig kochende Kartoffeln sind selten geworden. Sie kochen locker und werden dabei grobkörnig und trocken. Diese Sorten braucht man für Knödel und Klöße, Püree und Suppen.

2. Speck

Speck ist das Fettgewebe des Schweins, das unmittelbar unter der Haut liegt. Je nach Herkunft enthält es mehr oder weniger Fleischanteile. Fetter Speck ohne Fleischanteil stammt vom Rücken und wird frisch (als grüner Speck) oder gepökelt und geräuchert verkauft. Schneidet man diesen Speck in Würfel und erhitzt ihn vorsichtig, so tritt das Fett aus und das Bindegewebe brät zu knusprigen Stücken, den Grieben. Das pure Fett, Schmalz genannt, wurde früher überwiegend zum Kochen und Braten verwendet, das Fett mit den Grieben darin als Griebenschmalz aufs Brot gestrichen. Am vielseitigsten ist der durchwachsene Bauchspeck, der von Fleischbahnen durchzogen ist. Gepökelt und geräuchert heißt er auch Dörrfleisch oder – in Bayern – Wammerl. Er würzt Gerichte mit Hülsenfrüchten oder Sauerkraut, kann auch dünn aufgeschnitten auf Brot gegessen werden. Am magersten ist der Schinkenspeck. Typisch ist der Schwarzwälder Schinkenspeck, der kräftig gewürzt und geräuchert ist.

3. Zwiebeln

Deutsche Küche ohne Zwiebeln? Undenkbar. Dabei wurde die Speisezwiebel mit ihren braunen Schalen von römischen Legionären nach Deutschland gebracht. Früher war die Winterzwiebel, eine Sorte, die der Frühlingszwiebel ähnelt, weit verbreitet und wurde frisch samt grünen Schlotten gegessen. Die echten Frühlingszwiebeln sind junge Zwiebeln mit Grün, die noch keine braunen Häute gebildet haben. Sie schmecken mild und fein, lassen sich roh essen oder dünsten. Die als Frühlingszwiebeln angebotenen Sorten sind eigentlich Lauchzwiebeln, die keine Knollen ausbilden und bei uns fast das ganze Jahr über angebaut werden. Sie würzen Quark und Salate, können aber auch gedünstet werden. Die über faustgroßen Gemüse- oder Metzgerzwiebeln sind milder als die Speisezwiebeln und werden gerne für Zwiebelsalate, zum Schmoren und zum Füllen verwendet.

4. Saure Sahne

Lässt man frische, unbehandelte Milch stehen, so setzt sich an der Oberfläche eine dicke, fettreiche Schicht ab, die Sahne. Zunächst schmeckt sie süß, mit der Zeit wird sie durch natürliche Milchsäuregärung säuerlich und heißt dann saure Sahne. Bei uns kommt sie mit einem Fettgehalt von mindestens 10 % in den Handel; Crème fraîche ist weitaus fettreicher. Schmand oder Schmant ist eine alte Bezeichnung für eine dicke, fette Sahne, die im Nordwesten Deutschlands gesäuert ist, in Ostpreußen dagegen eine dicke süße Sahne bezeichnet, die der französischen Crème double ähnlich ist.

1
2
3
4
5
6

Gemüse, Pilze und Nüsse

Ohne das Suppengemüse geht fast nichts in der Küche. Frische Pilze werden auch heute noch gern gesammelt, können aber auch getrocknet viele Gerichte raffiniert würzen.

1. Möhren

Möhren taugen zum Rohessen, für Salate, als eigenständiges Gemüse und zum Aromatisieren von Suppen und Schmorgerichten. In Süddeutschland kennt man diese Rübensorte unter den Namen »Gelbe Rüben« oder »Karotten«. Richtigerweise sind Karotten kleine, radieschenförmige Möhren, die man fast nur in Gemüsekonserven findet. Am besten schmecken dunkel-orangefarbene Möhren, die bei uns im Spätsommer und im Herbst geerntet werden. Die so beliebten »Bundmöhren« mit Grün stammen meist aus Treibhäusern oder Folienanbau und sind selten besonders aromatisch.

2. Lauch

Im Süden wird er Lauch, im Norden Porree genannt und ist in der Küche vielfältig einsetzbar. Am zartesten ist der frühe Sommerlauch, der einen langen, hellen Schaft hat und auch roh gegessen werden kann. Beim Dünsten ist er schnell gar. Die Herbst- und Wintersorten sind dicker und kräftiger, die Blätter dunkelgrün und schärfer im Geschmack. Lauch passt gut in Suppen und Saucen, schmeckt gedünstet, gekocht oder mit Käse überbacken. Die harten grünen Blätter werden in Brühen mitgekocht.

3. Sellerieknollen

Der Sellerie kommt zwar aus dem Mittelmeerraum, ist aber bei uns so beliebt, dass es ihn das ganze Jahr über gibt. Im Sommer werden kleine Knollen samt Grün auf den Märkten angeboten; sie lassen sich auch roh geraspelt als Salat zubereiten. Das Grün ist stark würzig und etwas bitter, es darf nur sparsam zum Kochen verwendet werden. Dickere Knollen werden gekocht oder gedämpft für Gemüse und Salat. Durch ihren intensiven Geschmack würzen auch schon kleine Mengen Suppen und Schmorgerichte. Sellerie gilt als »blutreinigend« und soll müde Männer munter machen. Die Wissenschaftler sagen, das sei nur ein Gerücht. Aber eines, das sich bis heute hartnäckig hält.

4. Pilze

Pilze wachsen überall in Deutschland und werden im Herbst mit Leidenschaft gesammelt. Sie bestehen zwar hauptsächlich aus Wasser, enthalten daneben aber auch Eiweiß, so dass sie früher als »Fleisch des Waldes« bezeichnet wurden. Sehr edel und beliebt ist der Steinpilz, der in Scheiben gebraten oder wie ein Ragout geschmort wird. Nicht weniger beliebt sind Pfifferlinge und Morcheln. Da sich Pilze beim Waschen mit Wasser voll saugen, sollten sie trocken – mit Küchenpapier und einer weichen Bürste – gereinigt werden. Beim Trocknen gewinnen manche Pilzarten sogar noch an Aroma, so stellten sie einen geschätzten Vorrat für den Winter dar.

5. Hülsenfrüchte

Frische Erbsen und Bohnen gehören zu den beliebtesten Gemüsesorten, die im Sommer angeboten werden. Die Bohnenschoten braucht man heute nicht mehr zu entfädeln. Da sich die Kerne der Hülsenfrüchte gut trocknen und lange aufheben lassen, sind sie überall für winterlich-deftige Eintopfgerichte beliebt. Doch müssen die meisten vor dem Kochen lange eingeweicht werden, sonst bleiben sie hart. Lediglich Linsen sind auch ohne Einweichen rasch gar. Da alle Hülsenfrüchte neben Eiweiß viele Ballaststoffe enthalten, rumoren sie nach dem Essen im Darm. Besser bekömmlich werden sie durch Kräuter und Gewürze wie Bohnenkraut, Thymian, Fenchel und Muskat.

6. Nüsse

Haselnuss und Mandelkern gehören zur Weihnachtsbäckerei. Mandelbäume gedeihen in unserem Klima nicht, wir beziehen die Mandeln aus Mittelmeerländern und den USA. Die stattlichen Walnussbäume dagegen wachsen auch bei uns in günstigen Lagen, deren Nüsse werden meist pur als Knabberei verzehrt. Köstlich sind frische Walnüsse, geknackt und von ihrer etwas bitteren Haut befreit, zu einem Glas Wein.

1
4
3
6
5
7
2

Die wichtigsten Kräuter

Manche Gerichte wären ohne Kräuter undenkbar. Die Frankfurter Grüne Sauce, die Dillsauce zu Fisch und die bayrische Kräutlsuppe. Doch meist wird frisches Grün eher zurückhaltend verwendet.

1. Petersilie
Das vielseitige Küchenkraut, auch Peterlein und Kräutel, gibt es glatt und kraus. Außerdem gibt es die Wurzelpetersilie mit möhrenähnlichen Wurzeln und derben Blättern, die zum Suppengemüse gehört. Am feinsten würzt die glatte Petersilie, die zum Schluss unter Suppen, Salate, Gemüse und Quark gemischt wird, denn ihre Aromastoffe vertragen keine Hitze. Die harten Stängel können auch in Brühen mitgekocht und dann entfernt werden. Die Blätter der krausen Petersilie sind dagegen viel derber und werden vor allem zum Garnieren genommen. Allerdings können sie auch kurz frittiert werden und sehen dann nicht nur dekorativ aus, sondern schmecken auch gut zu gebratenem Fisch oder zu panierten Schnitzeln.

2. Dill
Dillkraut, Gurkenkräutel, Dille oder Tille stammt zwar aus dem Orient, ist aber bei uns so gebräuchlich, als ob es schon immer hier gewachsen wäre. Die zarten Blätter würzen Salate (vor allem Gurken- und Kartoffelsalat), Eierspeisen, Fisch- und Gemüsegerichte sowie helle Saucen frischwürzig und sehr dominant. Erhitzen allerdings schadet dem Aroma. Die ganzen Dolden der Dillpflanze mit ausgebildeten Samen braucht man zum Einlegen von Gurken und Sauergemüse und auch die getrockneten Früchte, die Dillsaat, findet als Brot- und Fischgewürz Verwendung, wobei sie ein warmes, pikantes Aroma entwickelt, das an Kümmel erinnert.

3. Bohnenkraut
Auch Wurstkraut genannt; der Name sagt bereits, dass es gut zu deftigen Bohnen- und Gemüsetöpfen sowie als Wurstgewürz passt. Das einjährige Sommerbohnenkraut gedeiht nur in wärmeren Gegenden, das mehrjährige Winterbohnenkraut (Bergbohnenkraut) verträgt auch Frost. Das Kraut schmeckt würzig-brennend, erinnert etwas an Thymian und wird stets mitgekocht.

4. Brunnenkresse
Wächst wild in Teichen und flachen Bächen, die saftiggrünen Blätter schmecken leicht scharf und erfrischend. Kann im Frühjahr vor der Blüte und dann von Herbst bis in den Winter hinein gesammelt werden. Frisch und gründlich gewaschen für Salate, grüne Saucen und Quarkspeisen. Kann auch gedünstet werden. Ein Ersatz sind die Blätter der Zierpflanze Kapuzinerkresse. Ihre gelben und roten Blüten sind auch eine schöne (essbare) Garnierung.

5. Liebstöckel
Kräftig wucherndes, intensiv würziges Kraut, heißt wegen seines Geschmacks auch »Maggikraut«. Gibt vor allem Brühen, Eintöpfen und Schmorgerichten ein kräftiges Aroma. Am besten einen ganzen Zweig mitgaren und zum Schluss herausnehmen.

6. Sauerampfer
Das Wildkraut wächst auf feuchten Wiesen und wird im Frühjahr für die Frankfurter Grüne Sauce, für Salate und Suppen verwendet. Es ist erfrischend säuerlich, gut für das Immunsystem, sollte aber wegen seines hohen Gehalts an Oxalsäure nicht im Übermaß gegessen werden.

7. Schnittlauch
Neben der Petersilie das meistverwendete Küchenkraut. Das ganze Jahr über frisch in jeder Gemüseabteilung zu bekommen. Getrocknet hat er kein Aroma. Meist wird er allein an Salate, Quark, Rühreier, kalte und warme Saucen, Geflügel, Fisch und Meeresfrüchte gegeben, kann aber auch gut mit Kerbel und Estragon kombiniert werden. Die Halme nie hacken, sondern mit einem scharfen Messer in feine Röllchen schneiden.

Berndes

Schmoren auf dem Herd und im Ofen

Hierbei werden die Zutaten angebraten und köcheln dann in wenig Flüssigkeit; das ergibt ein zartes Fleisch in würziger Sauce.

Schmortopf

Fleisch und Gemüse müssen beim Anbraten Platz im Topf haben, deshalb sollte ein guter Schmortopf eher breit als hoch sein. Außerdem muss er schwer und gut wärmeleitend sein, damit er genügend Hitze an das Gargut weitergibt. Genauso wichtig ist ein dicht schließender Deckel, damit beim sanften Fertigschmoren nicht zu viel Dampf und mit ihm Aroma entweichen. Soll der Topf auch im Backofen verwendet werden, müssen alle Griffe hitzefest oder abnehmbar sein. Das Schmoren im Backofen hat den Vorteil, dass die Wärme rundum wirkt und das Gericht am Topfboden kaum anhängen kann.

Tontopf

Fürs Schmoren im Ofen ist ein Topf aus porösem Ton ideal – allerdings muss dieser vorher gewässert werden; dann saugen sich die Poren voll und geben beim Garen gleichmäßig Feuchtigkeit ab. Das Gargut trocknet nicht aus, es wird wenig Flüssigkeit zum Angießen benötigt, so dass sich viel Geschmack entwickelt. Weil nicht umgerührt wird, behält das Gargut auch gut seine Konsistenz, das fertige Gericht sieht schön aus und kann direkt im Tontopf serviert werden. Nachteil sind die längere Garzeit und ein höherer Stromverbrauch als beim Schmoren auf dem Herd.

Kombitopf

Sowohl zum Anbraten auf dem Herd als auch zum Fertiggaren im Ofen geeignet ist ein Topf aus Aluguss mit Tondeckel. Der Deckel wird vor dem Auflegen gewässert und gibt während des Garens beständig Feuchtigkeit ab. Da auch die Topfgriffe für hohe Temperaturen geeignet sind, können die Gerichte im Kombitopf zum Schluss auch noch im Backofen überbacken werden.

In einen breiten Schmortopf das Gargut mit genügend Abstand zueinander legen, sonst zieht es zu viel Flüssigkeit und kocht statt zu braten.

Fleisch erst wenden, wenn es eine Kruste hat, dann löst es sich leichter. Mit dem Schaumlöffel herausheben, so bleibt weniger Fett hängen.

Den Bodensatz vom Topfboden mit Flüssigkeit ablöschen und loskochen. Mit einem Rührer mit gerader Kante die Kruste unter Rühren lösen.

Ein Tontopf (auch der Deckel) muss vor dem Füllen gut gewässert werden. In den kalten Ofen stellen, sonst kann der Topf springen.

Deutschlands Würste

Rund 1500 Wurstsorten soll es in Deutschland geben, für die vor allem Schweinefleisch »verwurstet« wird.

1. Die Fleischwurst wird aus fein zerkleinertem Rind- und Schweinefleisch zubereitet und im Darm gegart.

2. Jagdwurst, ebenfalls eine Brühwurst, ist dicker und enthält zusätzlich unregelmäßig geformte Fleischteile von Rind und Schwein.

3. Würstchen, vor allem die Frankfurter oder Wiener Würstchen, sind leicht geräucherte Brühwürste mit zarter Haut. Sie werden heiß gemacht.

4. Münchner Weißwürste werden aus Kalbfleisch, etwas Schweinefleisch und Speck, Schnittlauch und Gewürzen hergestellt.

5. Cervelatwurst ist eine feste Rohwurst aus Rind- und Schweinefleisch, fein in der Körnung und meist nur wenig gewürzt.

6. Mettwurst ist eine geräucherte Rohwurst überwiegend aus Schweinefleisch. Es gibt sie als schnittfeste Wurst zum Streichen.

7. Bratwürste sind aus grob oder fein zerkleinertem Fleisch. Am bekanntesten sind die Nürnberger Rostbratwürstchen und die Thüringer Rostbratwürste.

8. Blut- und Rotwürste werden aus teilweise gekochten Zutaten hergestellt und oft noch geräuchert. Es gibt sie frisch und luftgetrocknet.

9. Auch die Leberwurst zählt zu den Kochwürsten und wird v. a. in Thüringen, Franken, Hessen und dem Rheinland geschätzt.

KÜCHENGEHEIMNIS

Meine Großmutter hatte stets ihr Schmalztöpfchen und die Mehldose bereit, um Suppen, Gemüse und Fleisch mit einer Einbrenne oder Mehlschwitze zu binden, sie üppiger und gehaltvoller zu machen. Dann sind diese Saucen in Verruf geraten und wurden durch reichlich Butter und Sahne ersetzt. Was so manches Gericht nicht besser und schon gar nicht kalorienärmer machte.

Richtig zubereitet ist eine Einbrennsauce etwas sehr Feines, wenn Sie die Grundregeln beachten. Statt Schweineschmalz nehmen wir heute Butter, für 1/2 l Sauce gut 2 EL, und lassen sie in einem Topf bei mittlerer Hitze aufschäumen. 3 EL Mehl in die heiße Butter rühren, bis das Mehl sich mit der Butter vermischt hat. Jetzt der Trick: Den Topf vom Herd nehmen und die Mischung auf Handwärme abkühlen lassen. Nun 1/2 l kalte Milch oder Brühe zugießen, den Topf wieder auf den Herd stellen und unter ständigem Rühren langsam aufkochen lassen. Auf diese Weise gibt es garantiert keine Klümpchen! Wenn die Mischung einmal aufwallt, ist die Sauce fertig und kann mit Salz, frisch geriebener Muskatnuss, frischen Kräutern oder Kapern gewürzt werden.

Eine Einbrenne klappt auch anders herum: Mehl ohne Fett anrösten, bis es duftet. Etwas abkühlen lassen, Flüssigkeit zugießen und aufkochen, zum Schluss Butter unterschlagen. So bleibt der feine Buttergeschmack besser erhalten.

TIPP!

Ein Kräuterbündel würzt Brühen, Suppen und Saucen und kann nach dem Garen leicht entfernt werden. Die harten Stängel von 1 Bund Petersilie, 1 kleinen Zweig Liebstöckel, 1 grünes Lauchblatt und 1 Lorbeerblatt mit Küchengarn verschnüren. Von Anfang an mitkochen und zum Schluss herausfischen. Bei Fischbrühe gibt man noch 1 dünnen Streifen Zitronenschale mit in das Bündel.

Am besten hält das Bündel zusammen, wenn Sie alles in das gewaschene Lauchblatt einwickeln.

Knuspriges für Suppen

Ein hartes Stück Brot wegzuwerfen, wäre früher keinem in den Sinn gekommen. Brot bedeutete in Deutschland, das Missernten und Hungersnöte kannte, etwas Besonderes, ja Heiliges. Deshalb gibt es unzählige Rezepte für die Verarbeitung von trockenem Brot, von der Brotsuppe bis zum süßen Dessert. Am verbreitetsten sind die gerösteten Brotwürfel, die einer Suppe Biss und Geschmack geben.

Die Zubereitung

Pro Person 1 Scheibe sehr trockenes Weißbrot oder 1/2 Brötchen entrinden und in etwa 1/2 cm große Würfel schneiden. In einem Pfännchen, in dem die Brotwürfel gerade nebeneinander Platz haben, etwas Butter zerlaufen lassen. Die Würfel hineingeben, die Butter aufsaugen lassen und bei nicht zu starker Hitze unter ständigem Wenden braten, bis sie rundum leicht gebräunt sind. Aufpassen, zum Schluss bräunen sie sehr rasch. Am besten direkt aus der Pfanne über die angerichtete Suppe streuen, das zischt schön und gibt den besten Knusper-Knack.

Für den Vorrat

Trockenes Brot entrinden, in kleine Würfel schneiden und auf einem Backblech im Ofen bei 100° 20–30 Min. trocknen. Luftig aufheben. Zur Verwendung in Butter erhitzen.

Imbiss & Brotzeit

Kaltes und Warmes für den kleinen Appetit zwischendurch

22 Obatzda
22 Pikant angemachter Quark
24 Marinierte Leberwurst
24 Hackepeter
26 Meerrettich-Sülzchen
27 Eier-Krabben-Brot
28 Frankfurter Grüne Sauce
28 Warener Eiernester
30 Süßer Senf zur Weißwurscht
30 Strammer Max
32 Schwäbischer Wurstsalat
32 Wurstsalat mit Braten und Käse
34 Pellkartoffeln mit weißem Käse
34 Bratkartoffeln mit Dickmilch
36 Gebackener Käse mit Kürbis
36 Schnecken im Teig
38 Fleisch-Kartoffel-Pfanne
38 Eingemachtes Kalbfleisch
40 Brotfladen mit Speck-Zwiebeln
40 Würzfleisch

Pikant angemachter Camembert oder Quark sind in ganz Deutschland ein beliebter Imbiss.

Camembert-Käsecreme

OBATZDA

FÜR ANFÄNGER
AUS BAYERN

ZUBEREITUNG: 25 Min.
KÜHLZEIT: 8 Std.
PRO PORTION CA.: 400 kcal

FÜR 4 PERSONEN:

300 g reifer Camembert (45 % Fett i.Tr.)
100 g weiche Butter
1 Zwiebel
2 TL Paprikapulver, edelsüß
1 Msp. Paprikapulver, rosenscharf
1 TL gemahlener Kümmel
Salz
Pfeffer, frisch gemahlen

1. Den Camembert (er darf noch keine bräunlichen Stellen haben) entrinden und in Stücke schneiden. Die Butter in eine Schüssel geben und mit einer Gabel cremig rühren. Die Camembertwürfel zugeben und kräftig zerdrücken.

2. Die Zwiebel schälen und sehr klein würfeln. Mit beiden Paprikasorten und gemahlenem Kümmel unter die Camembertcreme mischen. Mit wenig Salz, aber reichlich Pfeffer abschmecken. Zugedeckt im Kühlschrank über Nacht durchziehen lassen.

3. Den Obatzden rechtzeitig aus dem Kühlschrank nehmen, damit er Zimmertemperatur annimmt. Auf kleinen Tellern anrichten. Mit frischen Laugenbrezeln, Holzofenbrot oder Roggenbrötchen servieren.

GARNIEREN: mit etwas Paprikapulver oder Schnittlauchröllchen bestreuen

GETRÄNK: frisches kühles Bier

VARIANTEN: Der Obatzde (der »Angebatzte«) wird in Bayern auch mit 100 g Quark (20 % Fett) und 1 EL Butter statt der 100 g Butter zubereitet, dann ist er nicht so kalorienreich. Ist die Masse dann zu fest, kommt noch ein Schuss Bier dazu.
Statt Camembert wird auch Romadur verwendet.

Pikant angemachter Quark

SPUNDEKÄS

FÜR ANFÄNGER
AUS DEM RHEINLAND

ZUBEREITUNG: 25 Min.
ABTROPFZEIT: 2 Std.
KÜHLZEIT: 8 Std.
PRO PORTION CA.: 185 kcal

FÜR 4 PERSONEN:

500 g Schichtkäse (Quark mit 20 % Fett)
1 Zwiebel
2 frische Eigelbe
Salz
weißer Pfeffer, frisch gemahlen
1/2 TL Paprikapulver, edelsüß
1 Bund Schnittlauch
Butter für die Förmchen

1. Ein Sieb mit einem Tuch auslegen, den Schichtkäse einfüllen und etwa 2 Std. abtropfen lassen.

2. Den Quark in eine Schüssel füllen. Die Zwiebel schälen und sehr fein hacken. Mit den Eigelben, Salz und Pfeffer unter den Quark mischen. Kleine Förmchen mit Butter ausstreichen, die Quarkmischung einfüllen und festdrücken. Mit Folie abdecken und über Nacht in den Kühlschrank stellen.

3. Zum Servieren die Förmchen kurz in heißes Wasser halten, die Käsemasse am Rand mit einem spitzen Messer lösen und den Spundekäs auf Vorspeisenteller stürzen. Mit je 1 Msp. Paprikapulver bestreuen.

4. Den Schnittlauch waschen, trockenschütteln und in feine Röllchen schneiden. Schnittlauchröllchen um die Käseportionen herum streuen. Mit dunklem Bauernbrot servieren.

GARNIEREN: mit Radieschen

GETRÄNK: ein leichter, aromatischer Weißwein (Müller-Thurgau aus Rheinhessen)

VARIANTEN: Statt der Zwiebel können Sie auch den weißen Teil von 2 Frühlingszwiebeln fein hacken und unter die Masse mischen; den grünen Teil dann in feine Ringe schneiden und zum Servieren drum herum streuen.

In der Pfalz wird der Quark gern mit durchgepresstem Knoblauch gewürzt.

Ob als Hackepeter mit frischer Schrippe in Berlin oder als Mett mit Rundstück in Hamburg – würziges Schweinehack verlangt nach Bier und Korn.

FÜR ANFÄNGER
AUS DEM RHEINLAND

Marinierte Leberwurst

STOCKFÄRV

ZUBEREITUNG: 25 Min.
MARINIEREN: 4 Std.
PRO PORTION CA.: 420 kcal

FÜR 4 PERSONEN:

- 400 g harte, luftgetrocknete Leberwurst
- 2 Zwiebeln
- 4 EL milder Weißweinessig
- 5 EL Öl
- 1 Lorbeerblatt
- Salz
- 1 TL schwarze Pfefferkörner
- 1 Gewürznelke
- 2 EL gehackte Petersilie

1. Die Leberwurst häuten und in dünne Scheiben schneiden, in eine Schüssel geben. Die Zwiebeln schälen und fein hacken, mit Essig und Öl vermischen.

2. Das Lorbeerblatt zerkrümeln, mit 1 Prise Salz im Mörser fein zerreiben. Die Pfefferkörner und die Nelke zugeben und zerstoßen. Die Mischung zur Zwiebelsauce geben, durchmischen und über die Leberwurstscheiben gießen. Zugedeckt 3–4 Std. oder über Nacht im Kühlschrank ziehen lassen.

3. Zum Servieren die Wurstscheiben aus der Marinade heben und auf Tellern anrichten. Die Marinade gleichmäßig darüber verteilen, mit gehackter Petersilie bestreuen. Mit Schwarzbrot oder Röggelchen (Roggenbrötchen) servieren.

GARNIEREN: mit kleinen Delikatessgürkchen

GETRÄNK: kühles Bier (Kölsch oder Altbier)

VARIANTE: Wenn Sie keine harte Leberwurst (im Rheinland »Stockfärv« – Fensterkitt – genannt) bekommen, können Sie **Leberwurst auf Thüringer Art** bereiten. Dafür die grobe Thüringer Leberwurst sehr gut kühlen oder leicht anfrieren, in dicke Scheiben schneiden. Eine Zwiebel-Essig-Öl-Sauce rühren, statt der Gewürze aber 2 EL mittelscharfen Senf einrühren, mit Salz und 1 Prise Zucker abschmecken, über die Wurstscheiben verteilen.

FÜR GEÜBTE
AUS BERLIN

Hackepeter

ZUBEREITUNG: 30 Min.
PRO PORTION CA.: 205 kcal

FÜR 4 PERSONEN:

- 350 g mageres Schweinefleisch (Schulter)
- 150 g frischer Schweinebauch
- 3 Zwiebeln
- 1 Knoblauchzehe
- 1 TL Kümmel
- Salz
- weißer und schwarzer Pfeffer, frisch gemahlen
- 4 kleine Gewürzgurken

1. Das Schweinefleisch und den Schweinebauch mit Küchenpapier trockentupfen und in Würfel schneiden, dabei Häute und Sehnen entfernen. 2 Zwiebeln und den Knoblauch schälen, die Zwiebeln grob zerschneiden und zum Fleisch geben, den Knoblauch dazupressen, alles mischen und durch den Fleischwolf drehen.

2. Den Kümmel in einem Mörser zerdrücken, mit Salz und nicht zu fein gemahlenem weißem und schwarzem Pfeffer zum Fleisch geben, vermischen, aber nicht zu gründlich kneten.

3. Den Hackepeter in 4 Portionen teilen und auf Tellern anrichten. Die übrige Zwiebel schälen und in dünne Scheiben schneiden oder hobeln, auf dem Hackepeter verteilen. Die Gurken in Scheiben schneiden und dazu anrichten. Mit knusprigen Brötchen servieren. Das Schweinehack auf jeden Fall sofort verzehren, nicht aufheben.

GARNIEREN: mit etwas Paprikapulver bestreuen

GETRÄNK: frisches Bier und ein eiskalter Kornschnaps

VARIANTE: Für Hamburger Mett nur gut durchwachsenes Schweinefleisch (Nacken oder Keule) nehmen und den Kümmel weglassen.

TIPP!

Hackepeter gibt es in Berlin in den typischen Kneipen an der Ecke zum »kleinen Hellen« (Bier und ein Korn). Da es recht fett ist, gehört auf die Schrippe (Brötchen) keine Butter.

FÜR GEÜBTE

AUS BRANDENBURG

Meerrettich-Sülzchen mit Schinkenbrot

ZUBEREITUNG: 30 Min.
KÜHLZEIT: 6 Std.
PRO PORTION CA.: 355 kcal

FÜR 4 PERSONEN:

- $^1/_2$ l Milch
- 75 g frischer Meerrettich
- 6 Blatt helle Gelatine
- Salz
- weißer Pfeffer, frisch gemahlen
- Zucker
- 1 rotschaliger Apfel (z. B. Jonathan, Elstar)
- 4 große Scheiben dunkles Roggenbrot
- 4 EL Butter
- 2 dickere Scheiben gekochter Schinken
- 4 Salatblätter

1. Milch in einen Topf gießen. Den Meerrettich schälen und auf einer Rohkostreibe raspeln (s. Seite 57), zur Milch geben und alles leicht erhitzen. Die Gelatine in kaltem Wasser einweichen, ausdrücken und in der heißen Milch auflösen.

2. Die Milch durch ein Sieb gießen und kräftig mit Salz, Pfeffer und 1 Prise Zucker würzen. Den Apfel gründlich waschen, vom Kerngehäuse befreien und mit Schale in feine Streifen schneiden. Kleine Förmchen oder Tassen kalt ausspülen, die Apfelstreifen darauf verteilen und die Meerrettichmilch aufgießen. Abkühlen lassen, dann im Kühlschrank in 4–6 Std. erstarren lassen.

3. Zum Servieren die Brotscheiben entrinden und mit Butter bestreichen. 2 Scheiben mit Schinken belegen, mit den übrigen Brotscheiben bedecken und die Doppeldecker in Dreiecke schneiden.

4. Salatblätter waschen und gut trockenschwenken, in Streifen schneiden und auf Vorspeisentellern ausstreuen. Die Förmchen kurz in heißes Wasser halten und die Sülzchen auf die Salatstreifen stürzen. Mit den Brotdreiecken umlegen und servieren.

GARNIEREN: mit Radieschen und Tomatenachteln

GETRÄNK: ein fruchtiger Weißwein, z. B. ein Goldriesling aus Sachsen

Eier-Krabben-Brot

FÜR GEÜBTE
AUS BREMEN

1. In einem flachen Topf reichlich Wasser mit dem Essig aufkochen lassen, die Hitze reduzieren, bis die Flüssigkeit gerade noch leise siedet.

2. Die Eier einzeln in eine Tasse oder eine Suppenkelle aufschlagen und vorsichtig in das Wasser gleiten lassen. Weiter leise sieden lassen. Nach 3–4 Min. die Eier mit einem Schaumlöffel herausheben, abtropfen lassen und die Eiweißränder glatt schneiden.

3. Die Toastscheiben rösten, mit der Butter bestreichen und die Krabben darauf verteilen. Mit Salz, Pfeffer und etwas Zitronensaft würzen. Die pochierten Eier darauf setzen, das Eiweiß etwas aufreißen, so dass das Eigelb sichtbar wird. Mit Schnittlauchröllchen bestreuen und servieren.

GARNIEREN: mit Kirschtomaten und Kräutersträußchen

GETRÄNK: nicht zu herber Weißwein, z. B. Riesling Spätlese von der Mosel

TIPP!

Eier zu pochieren ist einfacher, als es sich anhört. Wichtig ist, ganz frische Eier zu verwenden, deren Eiweiß so dickflüssig ist, das es beim Eintauchen ins Wasser nicht gleich auseinander fließt. Das Wasser nur mit Essig kräftig würzen, das begünstigt das Stocken des Eiweißes. Das Wasser darf nicht kochen, sondern soll ganz leise sieden, damit die Eier sich nur wenig bewegen. Sie können die pochierten Eier auch kalt servieren, dann nach dem Garen in kaltes Wasser legen.

ZUBEREITUNG: 30 Min.
PRO PORTION CA.: 230 kcal

FÜR 4 PERSONEN:

- 2 EL Weißweinessig
- 4 ganz frische Eier (Größe L)
- 4 Scheiben Toastbrot
- 2 EL Butter
- 200 g frische geschälte Nordseekrabben, ersatzweise kleine Garnelen
- Salz
- weißer Pfeffer, frisch gemahlen
- 2 TL Zitronensaft
- 2 EL feine Schnittlauchröllchen

Schon Goethe soll die Grüne Sauce geliebt haben, das Rezept ist aber erst um 1800 aus Frankreich oder Italien nach Hessen gekommen.

FÜR ANFÄNGER
AUS HESSEN

ZUBEREITUNG: 30 Min.
PRO PORTION CA.: 240 kcal

FÜR 4 PERSONEN:

1 großes Bund gemischte Kräuter (7 sollten es sein: Petersilie, Schnittlauch, Kerbel, Kresse, Pimpinelle, Sauerampfer, Borretsch)
5 hart gekochte Eier
1 frisches Eigelb
1 EL mittelscharfer Senf
5 EL Olivenöl
1 EL Essig
125 g saure Sahne
Salz | Pfeffer, frisch gemahlen

Frankfurter Grüne Sauce

GRIE SOOSS MIT EIERN

1. Die Kräuter waschen und trockenschütteln, die Blättchen abzupfen und sehr fein hacken. 1 hart gekochtes Ei pellen, halbieren und das Eigelb auslösen. Durch ein Sieb in eine Schüssel streichen. Mit dem frischen Eigelb und dem Senf gut verrühren.

2. Mit dem Schneebesen das Olivenöl und den Essig tropfenweise unter die Eigelbmasse schlagen, bis eine mayonnaiseartige Sauce entstanden ist. Die gehackten Kräuter und die Sahne untermischen, mit Salz und Pfeffer abschmecken. Das übrige Eiweiß fein hacken und unterrühren.

3. Die anderen harten Eier pellen und längs halbieren, auf kleinen Tellern anrichten und mit der kalten grünen Sauce übergießen. Mit Bauernbrot oder heißen Pellkartoffeln servieren.

GARNIEREN: mit grobem schwarzem Pfeffer bestreuen

GETRÄNK: herber Weißwein, z. B. ein Riesling von der Bergstraße

FÜR ANFÄNGER
AUS MECKLENBURG

ZUBEREITUNG: 40 Min.
PRO PORTION CA.: 215 kcal

FÜR 4 FLACHE HITZEFESTE FÖRMCHEN:

400 g Hackfleisch (vom Schwein)
2 Zwiebeln
2 Knoblauchzehen
1 EL mittelscharfer Senf
1 EL Tomatenmark
1 TL Paprikapulver, edelsüß
Salz
Pfeffer, frisch gemahlen
4 frische Eier (Größe M)
Paprikapulver zum Bestreuen
Öl für die Förmchen

Warener Eiernester

1. Den Backofen auf 200° (Umluft: 180°) vorheizen. Das Hackfleisch in eine Schüssel geben. Zwiebeln und den Knoblauch schälen, die Zwiebeln ganz fein hacken, den Knoblauch durchpressen. Beides mit Senf, Tomatenmark und Paprikapulver zum Hackfleisch geben, mit Salz und Pfeffer würzen, gut durchkneten.

2. Die Förmchen einölen. Aus der Hackmasse 4 flache Fladen formen, in die Förmchen legen und in der Mitte jeweils eine Mulde eindrücken. Die Eier vorsichtig in die Vertiefungen aufschlagen. Die Eiweiße leicht salzen und pfeffern.

3. Die Eiernester in den Ofen (Mitte) stellen und 20–25 Min. backen, bis die Eigelbe leicht gestockt sind. Mit etwas Paprikapulver bestäuben und mit frischem Weißbrot servieren.

GARNIEREN: mit fächerförmig geschnittenen Gewürzgurken

GETRÄNK: nicht zu säurereicher Weißwein, z. B. Müller-Thurgau aus Sachsen

Die braunen Eier werden am liebsten gekauft, obwohl es in der Qualität keinen Unterschied zu weißen gibt.

Weißwürste gibt es inzwischen fast überall, aber der richtige Senf dazu wird auch heute in bayerischen Wirtschaften noch selbst gerührt.

FÜR ANFÄNGER
AUS BAYERN

Süßer Senf zur Weißwurscht

ZUBEREITUNG: 45 Min.
RUHEZEIT: 1 Woche
PRO TEELÖFFEL CA.: 30 kcal

FÜR 500 G:

- 1 kleine Zwiebel
- 2 EL dunkler Waldhonig
- 2 Gewürznelken
- 3 Wacholderbeeren
- 5 Pfefferkörner
- 1 kleines Lorbeerblatt
- Salz
- 3 EL Essigessenz
- 125 g gelbes Senfmehl (Reformhaus)
- 40 g grünes Senfmehl (Reformhaus)
- 175 g brauner Zucker
- 2 TL geriebener Meerrettich

1. Die Zwiebel schälen und vierteln, mit gut 350 ml Wasser, Honig, Gewürzen, etwa $1^1/_2$ TL Salz und Essigessenz 15 Min. leise köcheln, dann abkühlen lassen.

2. In einer Schüssel beide Senfmehle mit braunem Zucker mischen. Essigsud durch ein Sieb gießen und so viel davon unter die Senfmehle rühren, bis ein ziemlich flüssiger Brei entstanden ist. Restlichen Essigsud aufheben, den Senf zugedeckt bei Zimmertemperatur bis zum nächsten Tag quellen lassen.

3. Den Meerrettich und nach Bedarf weiteren Essigsud einrühren, bis der Senf zähflüssig vom Löffel tropft. Den Senf in Steinguttöpfchen oder Gläser füllen und im Kühlschrank mindestens 1 Woche ruhen lassen. Der Senf hält sich genauso lang wie gekaufter.

GARNIEREN: mit krauser Petersilie

GETRÄNK: frisches Weizenbier (Weißbier) oder ein helles Bier

VARIANTE: Statt Meerrettich können Sie im Frühjahr auch 2 EL fein gehackten frischen Bärlauch zugeben.

TIPP!

Weißwürscht kauft man in Bayern stückweise. Zum Erwärmen in einem breiten Topf reichlich Wasser aufkochen lassen. Den Topf vom Herd nehmen, die Würste im heißen Wasser zugedeckt in 10 Min. heiß werden lassen. Gleich mit dem Senf und frischen Brezeln servieren.

FÜR ANFÄNGER
AUS BERLIN

Strammer Max

ZUBEREITUNG: 20 Min.
PRO PORTION CA.: 395 kcal

FÜR 4 PERSONEN:

- 4 große Scheiben Roggenbrot
- 75 g Butter
- 1 kleine Salatgurke
- Salz
- Pfeffer, frisch gemahlen
- 200 g gekochter Schinken in Scheiben
- 4 Eier (Größe M)
- 2 EL gehackte Petersilie

1. Die Brotscheiben mit der Hälfte der Butter bestreichen. Die Gurke waschen, streifig abschälen und in dünne Scheiben schneiden, dachziegelartig auf die Brotscheiben legen, leicht salzen und pfeffern. Die Schinkenscheiben darüber verteilen.

2. In einer Pfanne die restliche Butter erhitzen und die Eier zu Spiegeleiern braten. Heiß auf die Schinkenscheiben legen, mit Salz, Pfeffer und gehackter Petersilie bestreuen. Die Brote gleich servieren.

GARNIEREN: mit Gewürzgurkenscheiben und Tomatenachteln

GETRÄNK: kühles Weizenbier (Berliner Weiße)

VARIANTEN: Der Stramme Max wird auch mit klein gewürfeltem rohem Schinken und ohne Gurkenscheiben bereitet.

In Bayern nimmt man statt Schinken auch Leberkäse.

Für »**Westfälische Medaillons**« die Brotscheiben leicht rösten, mit Butter und Senf bestreichen und mit westfälischem Schinken belegen. Garniert wird das Ganze mit in Scheiben geschnittenem Essiggemüse (Mixed Pickles).

Wurstsalate sind vor allem in Süddeutschlands Biergärten als Imbiss höchst beliebt.

FÜR ANFÄNGER
AUS SCHWABEN

ZUBEREITUNG: 20 Min.
MARINIERZEIT: 30 Min.
PRO PORTION CA.: 620 kcal

FÜR 4 PERSONEN:

250 g weißer Presssack (weiße Presswurst)
250 g luftgetrocknete Schwarzwurst (Blutwurst) in dickeren Scheiben
200 g Romadur
2 Zwiebeln
4 EL Weißweinessig
4 EL Öl
Salz
schwarzer Pfeffer, frisch gemahlen

Schwäbischer Wurstsalat

LOMBASUPP

1. Die Würste häuten und in etwa 1 cm große Würfel schneiden. Den Käse nach Belieben entrinden, ebenfalls würfeln. Alles in eine Schüssel füllen.

2. Die Zwiebeln schälen und klein würfeln, zu der Wurst-Käse-Mischung geben. Den Essig mit 4 EL Wasser verdünnen, Öl, Salz und Pfeffer unterrühren. Über die Mischung in der Schüssel gießen und vorsichtig mischen. Zugedeckt bei Zimmertemperatur 30 Min. marinieren.

3. Den Salat noch einmal durchmischen und abschmecken, auf Teller verteilen und mit dunklem Roggenbrot, frischen Brezeln oder Kornspitz servieren.

GARNIEREN: mit gehackter Petersilie

GETRÄNK: trockener säurebetonter Weißwein, z. B. ein Riesling aus dem Remstal in Württemberg

VARIANTE: Für einen **Fränkischen Wurstsalat** noch gewürfelte kalte Pellkartoffeln in Öl knusprig braten und abgekühlt mit Scheiben von Essiggurken unter den Salat heben.

FÜR ANFÄNGER
AUS BAYERN

ZUBEREITUNG: 20 Min.
PRO PORTION CA.: 375 kcal

FÜR 4 PERSONEN:

200 g Bratenaufschnitt (Schweinebraten in dünnen Scheiben)
200 g Emmentaler Käse in dünnen Scheiben
200 g gekochter Schinken, dünn aufgeschnitten
1 kleiner Romanasalat (Salatherz)
2 große Zwiebeln
3 EL helle Essigessenz
4 EL Öl
Zucker
Salz
schwarzer Pfeffer, frisch gemahlen
2 EL gehackte Petersilie

Wurstsalat mit Braten und Käse

GRASSLFINGER LUMPENTELLER

1. Tiefe Teller (Suppenteller) kreisförmig mit Bratenaufschnitt auslegen. Darauf überlappend den Käse anordnen, zum Schluss die Schinkenscheiben darauf legen.

2. Den Salat waschen, trockenschwenken und in Streifen schneiden. In der Mitte der Teller aufhäufen. Die Zwiebeln schälen und in hauchdünne Scheiben hobeln. Zu Ringen aufblättern und über die Salate verteilen.

3. Die Essigessenz mit $^1/_4$ l Wasser, dem Öl, 1 guten Prise Zucker, Salz und Pfeffer verrühren, bis sich Zucker und Salz aufgelöst haben. Die Sauce gleichmäßig über den Salat gießen. Mit gehackter Petersilie bestreuen und mit deftigem Bauernbrot servieren.

GARNIEREN: mit eingelegten roten Paprikastreifen

GETRÄNK: ein kühles helles Bier

VARIANTE: Für einen **Münchner Wurstsalat** 500 g Regensburger Würste oder Fleischwurst häuten und in dünne Scheiben schneiden, in tiefen Tellern auslegen. Mit Zwiebelringen bestreuen und mit Essigessenz-Salatsauce übergießen.

GARNIEREN: mit Schnittlauchröllchen

In Hessen wird Pikantes gerne mit Süßem gemischt, wie bei dem leichten Sommergericht Bratkartoffeln mit Dickmilch. Diese entsteht, wenn nicht pasteurisierte Milch steht und sauer wird. Besonders lecker war immer die Sahneschicht, die oben auf der Dickmilch stand.

FÜR ANFÄNGER
AUS DEM SPREEWALD

Pellkartoffeln mit weißem Käse

ZUBEREITUNG: 35 Min.
PRO PORTION CA.: 360 kcal

FÜR 4 PERSONEN:

750 g kleine fest kochende Kartoffeln
Salz
1 TL Kümmelsamen
1 Bund Schnittlauch
400 g Quark (20 % Fett)
2–3 EL Milch
Pfeffer, frisch gemahlen
2 Zwiebeln
8 EL Lausitzer Leinöl, ersatzweise kaltgepresstes Rapsöl

1. Die Kartoffeln waschen, ungeschält in Salzwasser mit dem Kümmel aufsetzen und zugedeckt 25–30 Min. kochen.

2. Den Schnittlauch waschen, trockenschwenken und in feine Röllchen schneiden. Den Quark mit der Milch cremig rühren, mit dem Schnittlauch, Salz und Pfeffer würzen. Portionsweise bergartig auf kleinen Tellern anrichten, in der Mitte der Quarkberge eine Mulde eindrücken.

3. Die Zwiebeln schälen und sehr fein hacken, in die Quarkmulden verteilen. Leicht salzen und das Leinöl darüber gießen.

4. Die garen Kartoffeln abgießen und ausdampfen lassen, pellen und um den Quark herum anrichten. Beim Essen die Kartoffeln zerteilen und die Stücke erst ins Leinöl mit den Zwiebeln stippen, dann etwas Quark aufnehmen und essen.

GARNIEREN: mit grob gemahlenem schwarzem Pfeffer

GETRÄNK: frisches Bier oder ein Weißwein, z. B. Riesling aus Sachsen

FÜR ANFÄNGER
AUS SÜDHESSEN

Bratkartoffeln mit Dickmilch

GEREESTE MIT DICKMILCH

ZUBEREITUNG: 30 Min.
PRO PORTION CA.: 320 kcal

FÜR 4 PERSONEN:

750 g vorwiegend fest kochende Kartoffeln
50 g Butterschmalz
1 Zwiebel
Salz
Paprikapulver, edelsüß
500 g Dickmilch
3 EL Zucker
$^{1}/_{2}$ TL Zimtpulver

1. Die Kartoffeln waschen, schälen und in nicht zu dünne Scheiben schneiden. In einer beschichteten Pfanne (zu der es einen passenden Deckel gibt) das Butterschmalz erhitzen, die Kartoffeln darin bei schwacher bis mittlerer Hitze leise brutzelnd anbraten. Die Zwiebel schälen und fein hacken, über die Kartoffeln streuen. Die Pfanne zudecken und die Kartoffeln bei schwacher Hitze in etwa 10 Min. fertig braten.

2. Die Kartoffeln wenden und bei stärkerer Hitze offen anbräunen. Mit Salz und Paprikapulver würzen. Die heißen Bratkartoffeln auf einer Seite von flachen Tellern anrichten, auf die andere Seite die kalte Dickmilch geben.

3. Den Zucker mit dem Zimt mischen und über die Dickmilch streuen. Zum Essen wird die Dickmilch samt Zimtzucker-Schicht mit den heißen Bratkartoffeln aufgestippt.

GETRÄNK: Apfelsaftschorle oder Apfelwein

VARIANTE: In Baden wird zu **Brägele** (Bratkartoffeln aus gekochten Kartoffeln) **Bibbeleskäs** gegessen – das ist krümeliger Quark, der mit Sahne cremig gerührt wird. Der trockene Quark hat seinen Namen von den Bibbeles, den kleinen Küken, die früher damit gefüttert wurden.

FÜR ANFÄNGER
AUS THÜRINGEN

Gebackener Käse mit Kürbis

ZUBEREITUNG: 45 Min.
ABKÜHLZEIT: 30 Min.
PRO PORTION CA.: 325 kcal

FÜR 4 PERSONEN:

350 g Kürbisfleisch (geschält und geputzt)
125 ml Weißweinessig
75 ml Apfelsaft | Salz
3 EL Zucker
2 Gewürznelken
1 TL Senfkörner
2 Ziegen-Camembert à 150 g (möglichst Altenburger)
1 Ei (Größe L)
1 EL Sahne
1 kleine Zwiebel
1 EL fein gehackte Petersilie
Pfeffer, frisch gemahlen
Muskatnuss, frisch gerieben
3 EL Mehl
6 EL Semmelbrösel
Öl zum Braten

1. Den Kürbis in große Würfel schneiden. Den Essig mit Apfelsaft, gut 1 TL Salz, Zucker, Nelken und Senfkörnern aufkochen, die Kürbisstücke darin zugedeckt bei schwacher Hitze 25–30 Min. köcheln lassen. Topf vom Herd nehmen und den Kürbis im Sud abkühlen lassen.

2. Den Käse quer halbieren, die Hälften in der Mitte teilen, so dass man aus jedem Käse 4 halbmondförmige Scheiben erhält.

3. Das Ei in einem Teller mit der Sahne verquirlen. Die Zwiebel schälen und auf einer Gemüsereibe dazureiben, mit Petersilie, etwas Salz, Pfeffer und Muskat würzen. In einen zweiten Teller das Mehl, in einen dritten die Semmelbrösel streuen.

4. In einer großen Pfanne etwa 1 cm hoch Öl erhitzen. Die Käsescheiben erst in Mehl, dann in der Eiermilch wenden, zum Schluss in den Semmelbröseln panieren. Die Panade gut andrücken und die Käsescheiben im heißen Öl bei starker Hitze in 1–2 Min. pro Seite goldbraun backen.

5. Die Käsescheiben aus dem Öl heben und auf Küchenpapier abtropfen lassen. Mit dem marinierten Kürbis anrichten.

GARNIEREN: mit einem kleinen Salatbukett oder Kräutersträußchen

GETRÄNK: fruchtig-üppiger Weißwein, z. B. ein weißer Burgunder aus Sachsen

TIPP!

Die Garzeit für den Kürbis kann je nach Sorte und Reife sehr unterschiedlich sein. Zarter Hokkaido ist nach 15 Min. gar, Gartenkürbis braucht vielleicht länger als 30 Min. Deshalb den Gargrad zwischendurch mit einer Messerspitze prüfen, wie bei Pellkartoffeln.

FÜR GEÜBTE
AUS DEM RHEINLAND

Schnecken im Teig

ZUBEREITUNG: 1 Std.
PRO PORTION CA.: 580 kcal

FÜR 4 PERSONEN:

125 g Mehl
125 ml trockener Sekt (ersatzweise Mineralwasser)
1 Ei (Größe M)
2 EL Traubenkernöl
Salz | Pfeffer, frisch gemahlen
24 Weinbergschnecken (aus der Dose)
1 Bund Suppengemüse
1 kleine Zwiebel
1 Knoblauchzehe
4 EL Butter
$^1/_4$ l trockener Weißwein
12 dünne Scheiben Frühstücksspeck
100 g Sahne
2 EL gehackte Petersilie
1 EL Schnittlauchröllchen
Öl zum Ausbacken

1. Das Mehl mit Sekt anrühren, das Ei und Öl untermischen, salzen und pfeffern und etwa 30 Min. quellen lassen. Die Schnecken auf einem Sieb kurz abspülen, abtropfen lassen.

2. Inzwischen das Suppengemüse waschen und putzen, Zwiebel und Knoblauch schälen, alles ganz klein würfeln. 2 EL Butter erhitzen und die Gemüsewürfel darin bei mittlerer Hitze etwa 5 Min. dünsten. Weißwein zugießen und aufkochen lassen. Die Schnecken einrühren und alles zugedeckt bei schwacher Hitze etwa 10 Min. dünsten.

3. Die Speckscheiben quer halbieren. Die Schnecken aus dem Sud heben und mit Küchenpapier abtrocknen. Jeweils 1 Schnecke in 1 Speckscheibe wickeln und mit 1 Zahnstocher feststecken.

4. In einem Topf oder der Fritteuse reichlich Öl auf etwa 170° erhitzen. Die Schnecken durch den Teig ziehen und portionsweise im heißen Öl in etwa 5 Min. rundum knusprig frittieren. Aus dem Öl heben und auf Küchenpapier abtropfen lassen.

5. Nebenbei den Schneckensud mit der Sahne und den Kräutern verrühren, aufkochen lassen und die restliche Butter mit einem Schneebesen unterschlagen. Die Schnecken auf Tellern servieren, die Sauce extra reichen.

GETRÄNK: trockener Weißwein, z. B. ein Riesling Kabinett von der Mosel

Hinter dem lustigen Namen »Katzengeschrei« verbirgt sich ein Imbiss, für den die Schwaben Reste des Sonntagsbratens verwerten.

FÜR ANFÄNGER
AUS SCHWABEN

ZUBEREITUNG: 45 Min.
ABKÜHLZEIT: 2 Std.
PRO PORTION CA.: 395 kcal

FÜR 4 PERSONEN:

- 750 g fest kochende Kartoffeln
- Salz
- 400 g gegartes Hähnchenfleisch ohne Haut und Knochen (z. B. von einem Grillhähnchen)
- 1 große Zwiebel
- 4 Eier (Größe M)
- 2–3 EL Milch
- Pfeffer, frisch gemahlen
- 3 EL Butterschmalz
- 1/2 TL gerebelter Majoran

Fleisch-Kartoffel-Pfanne

KATZAGSCHROI

1. Kartoffeln waschen, ungeschält in Salzwasser aufsetzen und zugedeckt je nach Größe in 25–35 Min. knapp gar kochen. Abgießen und ganz abkühlen lassen.

2. Die kalten Kartoffeln pellen und in Scheiben schneiden. Das Fleisch in schmale Streifen schneiden. Die Zwiebel schälen und fein hacken. Die Eier mit Milch, etwas Salz und Pfeffer verquirlen.

3. In einer großen Pfanne das Butterschmalz erhitzen. Die Zwiebel unter Rühren 3–4 Min. anbraten. Die Fleischstreifen zugeben und kurz anrösten. Die Kartoffeln untermischen und ebenfalls kurz anbraten. Mit Salz, Pfeffer und Majoran würzen, die verquirlten Eier darüber gießen und bei mittlerer Hitze in 7–10 Min. stocken lassen. Die Kartoffelpfanne mit grünem Salat servieren.

GARNIEREN: mit reichlich Schnittlauchröllchen bestreuen

GETRÄNK: fruchtiger Roséwein, z. B. ein Württemberger Schillerwein

VARIANTE: Für ein **Hessisches Bauernfrühstück** fetten Speck würfeln und auslassen, die Kartoffeln darin anbraten. Statt Hähnchenfleisch etwa 150 g gekochten Schinken würfeln und erst mit den verquirlten Eiern zugeben.

FÜR GEÜBTE
AUS BADEN

ZUBEREITUNG: 45 Min.
PRO PORTION CA.: 475 kcal

FÜR 4 PERSONEN:

- 125 g Mehl
- 1/4 l Milch
- 2 Eier (Größe M) | Salz
- 400 g mageres Kalbfleisch (Schnitzel oder Lende)
- 200 g ganz kleine Champignons
- 1 Zwiebel
- 50 g Butter
- 200 ml Kalbsfond (Glas)
- 75 ml Weißwein (ersatzweise Apfelsaft)
- 125 g Sahne
- Pfeffer, frisch gemahlen
- 1 Msp. abgeriebene Zitronenschale
- 1 EL Kapern

Eingemachtes Kalbfleisch

KALBSRAGOUT AUF EIERKUCHEN

1. Für die Eierkuchen Mehl mit Milch, Eiern und 1 Prise Salz verrühren, etwa 15 Min. quellen lassen. Backofen mit flachen Tellern auf 50° vorwärmen.

2. Das Kalbfleisch in nussgroße Stücke schneiden. Champignons säubern und putzen. Die Zwiebel schälen. 30 g Butter aufschäumen lassen und die Zwiebel darin kurz andünsten. Die Fleischwürfel zugeben und in etwa 7 Min. rundum hell anbraten. Die ganzen Pilze zugeben. Kalbsfond, Wein und die Sahne angießen, mit Salz und Pfeffer würzen. Zugedeckt bei schwacher Hitze 20 Min. garen.

3. Den Teig durchrühren und in der restlichen Butter nacheinander 4 dünne Pfannkuchen backen, auf den Tellern im Backofen warm halten.

4. Den Deckel vom Kalbsragout abnehmen und die Sauce bei etwas stärkerer Hitze noch ein wenig einkochen lassen. Mit Zitronenschale und den Kapern würzen, abschmecken und auf die Pfannkuchen verteilen.

GARNIEREN: mit gehackter Petersilie bestreuen, Zitronenviertel dazulegen

GETRÄNK: ein nicht zu trockener Weißwein, z. B. ein Grauburgunder aus Baden

VARIANTEN: Statt Kalbfleisch können Sie auch Schweinefilet nehmen und die Sauce mit etwas gemahlenem Kümmel würzen.

Statt Eierkuchen können Sie auch breite Nudeln dazu reichen.

Kalbfleisch war im Osten Deutschlands rar, deshalb kochte man eine preiswerte Variante des »Ragout fin« und nannte sie Würzfleisch.

FÜR GEÜBTE
AUS BADEN-WÜRTTEMBERG

ZUBEREITUNG: 30 Min.
RUHEZEIT: 1 3/4 Std.
BACKZEIT: 30 Min.
PRO PORTION CA.: 710 kcal

FÜR 4 PERSONEN:

400 g Mehl (Type 550)
Salz
1/2 Päckchen Hefe
250 g Quark (Magerstufe)
100 g saure Sahne
Pfeffer, frisch gemahlen
4 Zwiebeln
150 g durchwachsener Speck
1 EL Öl
1 TL Kümmel
4 EL Sahne
Öl für das Backblech

Brotfladen mit Speck-Zwiebeln

SCHÄRRKUCHEN

1. Das Mehl mit 1 TL Salz mischen, eine Mulde eindrücken und knapp 1/4 l lauwarmes Wasser in die Mulde gießen. Die Hefe einbröckeln und mit dem Wasser und etwas Mehl verrühren. 15 Min. gehen lassen, dann alles gründlich mischen und 10 Min. kräftig kneten, bis der Teig geschmeidig ist. Zugedeckt 1 Std. an einem warmen Platz gehen lassen.

2. Den Teig in 4 Stücke teilen und zu 1 cm dicken Fladen ausrollen. Auf ein geöltes Backblech legen und weitere 30 Min. gehen lassen.

3. Den Backofen auf 225° (Umluft: 200°) vorheizen. Den Quark mit der sauren Sahne, 1 Prise Salz und Pfeffer glatt rühren. Die Zwiebeln schälen und in Streifen schneiden, ebenso den Speck. In einer Pfanne das Öl erhitzen, den Speck darin knusprig braten, herausheben. Im verbliebenen Fett die Zwiebeln in etwa 7 Min. goldgelb braten, mit etwas Salz und dem Kümmel würzen.

4. Die Teigfladen mit der Quark-Sahne bestreichen, dabei den Rand frei lassen. Speck und Zwiebeln auf dem Quark verteilen, je 1 EL Sahne darüber träufeln. Die Fladen im Ofen (Mitte) etwa 30 Min. backen, bis die Oberfläche leicht gebräunt ist. Heiß servieren.

GARNIEREN: mit kleinem Salatbukett oder Kräutersträußchen

GETRÄNK: Kaffee, Bier oder leichter Rotwein (Schwarzriesling trocken aus Württemberg)

FÜR ANFÄNGER
AUS MECKLENBURG

ZUBEREITUNG: 30 Min.
GARZEIT: 1 Std. 10 Min.
PRO PORTION CA.: 375 kcal

FÜR 4 PERSONEN:

500 g mageres Schweinefleisch (Nuss, Schulter oder Schnitzelfleisch)
1 Zwiebel
3/4 l Fleischbrühe
1 Lorbeerblatt
1 TL Pimentkörner
2 EL Butter
4 EL Mehl
100 ml Weißwein (ersatzweise Brühe)
2 EL Zitronensaft
Salz | Pfeffer, frisch gemahlen
Worcestersauce
150 g geriebener Käse

Überbackenes Schweinefleisch-Ragout

WÜRZFLEISCH

1. Das Fleisch eventuell von Häuten und Sehnen befreien, mit Küchenpapier abtupfen. Die Zwiebel schälen und vierteln. Die Brühe mit Zwiebel, Lorbeerblatt und Piment aufkochen lassen, das Fleisch einlegen und zugedeckt bei schwacher Hitze gut 1 Std. ziehen, dann in der Brühe abkühlen lassen.

2. Das Fleisch aus der Brühe heben und klein würfeln. Den Backofen auf 225° (Umluft: 200°) vorheizen. Die Butter zerlassen, das Mehl einrühren und kurz aufbrodeln lassen. Den Topf vom Herd nehmen und die Einbrenne kurz abkühlen lassen. Von der Kochbrühe 1/2 l abmessen, zur Einbrenne gießen und unter ständigem Rühren aufkochen lassen. Wein und Zitronensaft zugeben, die Sauce eventuell noch etwas einkochen lassen, wenn sie zu dünnflüssig ist. Mit Salz, Pfeffer und Worcestersauce abschmecken.

3. Die Fleischwürfel unter die Sauce mischen und erhitzen. Dieses Würzfleisch in kleine ofenfeste Formen füllen, mit Käse bestreuen und im Ofen (oben) etwa 10 Min. überbacken, bis der Käse leicht gebräunt ist. Mit frisch geröstetem Toast servieren.

GARNIEREN: mit Zitronenvierteln

GETRÄNK: ein trockener Sekt, z. B. ein Rotkäppchen-Sekt von der Unstrut

VARIANTE: Zusätzlich 1 Hand voll frische Champignons putzen und in dünne Scheiben schneiden. Mit der Butter andünsten.

Salate & Suppen

Erfrischendes und Wärmendes für Sommer und Winter

44 Feldsalat mit Pfifferlingen
44 Feldsalat mit Kräutersauce
46 Grüner Spargel-Salat mit Tomaten
46 Westerländer Gurkensalat mit Lachs und Eiern
48 Rotkohlsalat mit Birnen und Lauch
48 Krautsalat mit Speck
50 Orangen-Apfel-Salat
50 Selleriesalat
50 Grüne-Bohnen-Salat
52 Salat Gärtnerinnen Art
52 Reis-Gemüse-Salat
54 Schichtsalat
54 Nudelsalat mit Endivie und Schinken
56 Wintersalat mit Bohnen und Linsen
58 Kartoffelsalat mit Frühlingszwiebeln
58 Bunter Kartoffelsalat mit Hähnchen
60 Sauerampfersuppe
60 Frühlingskräutlsuppe
62 Saure Pfannkuchensuppe
63 Grünkernsuppe
64 Zwiebelsuppe mit Senf und Sahne
64 Grüne Erbsensuppe mit Grießklößchen
66 Pikante Suppe mit Delikatessgurken
66 Kartoffel-Kürbis-Suppe
68 Eintopf mit frischen Bohnen
68 Kartoffelsuppe
70 Gemüsesuppe »Quer durch den Garten«
72 Soljanka
72 Entensuppe Hohenloh'sche Art

Feldsalat, Nisselsalat, Rapunzel – dieser beliebte Salat wurde früher als Wildkraut auf den Feldern gesammelt.

FÜR ANFÄNGER
AUS BADEN

ZUBEREITUNG: 45 Min.
PRO PORTION CA.: 175 kcal

FÜR 4 PERSONEN:

200 g Feldsalat
250 g frische Pfifferlinge
2 Frühlingszwiebeln
3 EL Obstessig
Salz
Pfeffer, frisch gemahlen
4 EL Walnussöl
50 g durchwachsener Speck (Frühstücksspeck)
2 TL Sonnenblumenöl
2 Zweige Estragon

Feldsalat mit Pfifferlingen

SONNENWIRBELE

1. Den Feldsalat verlesen, putzen und mehrmals waschen, gut abtropfen lassen. Die Pfifferlinge putzen und mit einem Küchenpinsel säubern, größere längs in Stücke schneiden.

2. Die Frühlingszwiebeln waschen und putzen, den hellen Teil fein hacken und mit Essig, Salz, Pfeffer und dem Walnussöl zu einer Salatsauce verrühren.

3. Den Speck in feine Streifen schneiden. In einer Pfanne das Öl erhitzen, den Speck darin bei mittlerer Hitze in etwa 5 Min. knusprig braten, aus der Pfanne heben und auf Küchenpapier abtropfen lassen. Im Speckfett die Pfifferlinge etwa 10 Min. braten, bis die austretende Flüssigkeit verdampft ist. Mit Salz und Pfeffer würzen, die Estragonblättchen dazuzupfen.

4. Den Feldsalat auf Tellern anrichten und mit der Salatsauce beträufeln. Speck und Pfifferlinge darüber streuen. Das Zwiebelgrün in feine Röllchen schneiden und über den Salat streuen. Gleich servieren.

GARNIEREN: mit Toastdreiecken

GETRÄNK: frischer leichter Weißwein, z. B. ein Gutedel aus Baden

VARIANTE: Statt Pfifferlingen können Sie auch Austernpilze oder braune Champignons nehmen und mit gehackter Petersilie würzen.

FÜR ANFÄNGER
AUS DER PFALZ

ZUBEREITUNG: 45 Min.
PRO PORTION CA.: 85 kcal

FÜR 4 PERSONEN:

2 Frühlingszwiebeln (möglichst junge Zwiebeln mit grünen Schlotten)
1 Bund Radieschen
1 Bund Schnittlauch
1 Hand voll Brunnenkresse, ersatzweise 1/2 Beet Kresse
1 EL fein geschnittener Borretsch
1 EL gehackte Pimpinelle
1 TL fein gehackter Estragon
3 EL Weißweinessig
Salz
weißer Pfeffer, frisch gemahlen
200 g Feldsalat
4 EL Traubenkernöl

Feldsalat mit Kräutersauce

RITSCHERSALAT

1. Die Frühlingszwiebeln waschen, putzen und samt Grün fein hacken. Die Radieschen waschen, putzen und in Stifte schneiden. Einige zarte Radieschenblätter fein hacken.

2. Schnittlauch und Brunnenkresse waschen, trockentupfen und fein schneiden. Frühlingszwiebeln und alle Kräuter in einem Schüsselchen mit Essig, Salz und Pfeffer mischen, etwa 15 Min. ziehen lassen.

3. Den Feldsalat verlesen, putzen und gründlich waschen. Gut abtropfen lassen. Den Salat in einer großen Schüssel vorsichtig mit dem Öl vermischen, dann erst die Kräutermarinade darüber träufeln und unterheben. Die Radieschenstreifen darüber streuen und gleich servieren.

GARNIEREN: mit Tomatenschnitzen

GETRÄNK: trockener Weißwein, z. B. ein Riesling Kabinett trocken aus der Pfalz

TIPP!

Der Feldsalat, in der Pfalz auch »Wingertsalat« oder »Philippche« genannt, wird im Frühjahr oft mit Wildkräutern wie Löwenzahn, Knoblauchrauke, Bärlauch, Gänseblümchenblättern und Blüten sowie etwas Gundermann zubereitet.

Schrobenhausener Spargel ist in ganz Süddeutschland berühmt, und seit die Spargelbauern auch grünen Spargel anbauen, lieben sie dieses Gericht. Den Gurkensalat kann man auch gut mit den dicken Gärtnergurken zubereiten. Diese muss man ganz schälen und entkernen, auch das Abtropfen ist hier wichtig.

FÜR ANFÄNGER
AUS BAYERN

Grüner-Spargel-Salat mit Tomaten

ZUBEREITUNG: 20 Min.
PRO PORTION CA.: 80 kcal

FÜR 4 PERSONEN:

- 350 g reife feste Tomaten
- 500 g ganz dünne grüne Spargelstangen
- 3 EL Zitronensaft
- Salz
- weißer Pfeffer, frisch gemahlen
- 1 Msp. gemahlener Koriander
- Zucker
- 2 EL Schnittlauchröllchen
- 3 EL kaltgepresstes Rapsöl

1. Die Tomaten mit kochendem Wasser überbrühen, häuten und entkernen. Das Fruchtfleisch in Streifen schneiden. Den Spargel waschen, die Enden abschneiden. Die Spargelstangen schräg in 1/2 cm dünne Scheiben schneiden.

2. Den Zitronensaft mit Salz, Pfeffer, Koriander, 1 Prise Zucker und dem Schnittlauch verrühren, das Öl unterschlagen. Den Spargel und die Tomaten vorsichtig in der Salatsauce wenden und bis zum Servieren kurz durchziehen lassen.

GARNIEREN: mit Kerbelblättchen

GETRÄNK: würziger Weißwein, z. B. ein Müller-Thurgau aus Baden

TIPP!

Zarte Spargelstangen müssen nicht geschält werden; nur bei Stangen, die dicker als ein kleiner Finger sind, sollten Sie das untere Drittel schälen.

FÜR ANFÄNGER
AUS NIEDERSACHSEN

Westerländer Gurkensalat mit Lachs und Eiern

ZUBEREITUNG: 30 Min.
PRO PORTION CA.: 255 kcal

FÜR 4 PERSONEN:

- 1 Salatgurke
- 2 EL Weißweinessig
- 1 EL Zitronensaft
- Salz
- weißer Pfeffer, frisch gemahlen
- 1 TL Zucker
- 1 EL fein geschnittene Dillspitzen
- 3 EL Weizenkeimöl
- 200 g Räucherlachs (möglichst am Stück)
- 2 hart gekochte Eier
- 5 cm frische Meerrettichwurzel

1. Die Gurke waschen, streifig abschälen und in dünne Scheiben schneiden oder hobeln. In einer Schüssel den Essig mit Zitronensaft, Salz, Pfeffer, Zucker und Dill verrühren, das Öl kräftig unterschlagen. Die Gurkenscheiben in der Salatsauce wenden und etwa 15 Min. darin ziehen lassen.

2. Den Räucherlachs in Würfel schneiden. Die Eier pellen und würfeln. Den Meerrettich waschen und schälen.

3. Die Gurkenscheiben aus der Marinade heben und auf Salatschälchen verteilen. Lachs und Eier darüber streuen. Den Meerrettich auf einer Gemüsereibe direkt darüber raspeln. Alles mit etwas Marinade beträufeln und servieren.

GARNIEREN: mit kleinen Dillzweigen

GETRÄNK: ein kühles Bier und ein Weizenschnaps

TIPP!

Sehr wasserreiche Gurken am besten erst etwas salzen und in einem Sieb abtropfen lassen, sonst wird die Salatsauce zu dünn.

Krautsalate gibt es in allen Regionen – ursprünglich waren es typische Wintersalate aus eingemieteten Kohlköpfen; mit frischem Kohl schmecken sie weitaus besser.

FÜR ANFÄNGER
AUS SACHSEN-ANHALT

Rotkohlsalat mit Birnen und Lauch

MAGDEBURGER SALAT

ZUBEREITUNG: 30 Min.
PRO PORTION CA.: 165 kcal

FÜR 4 PERSONEN:

2 Stangen Lauch
1 kleiner Rotkohl
Salz
4 EL Zitronensaft
3 reife Birnen
1 milde Zwiebel
1 TL Kümmel
200 g saure Sahne
Pfeffer, frisch gemahlen
1 TL Zucker
1 Msp. Nelkenpulver
2 EL Rotweinessig

1. Den Lauch putzen, längs aufschneiden und gründlich waschen, schräg in 1 cm dicke Scheiben schneiden. Vom Rotkohl die äußeren Blätter entfernen und den Strunk großzügig ausschneiden. Den Kohl waschen und in feine Streifen schneiden oder hobeln.

2. Reichlich Wasser aufkochen lassen, salzen und den Lauch darin 5 Min. kochen. Aus dem Wasser heben, kalt abschrecken und abtropfen lassen. Die Kohlstreifen mit 2 EL Zitronensaft in das kochende Wasser geben und etwa 3 Min. brühen, in ein Sieb abgießen und abtropfen lassen.

3. Die Birnen schälen, vierteln und die Kerngehäuse ausschneiden. Die Birnenviertel in dünne Scheiben schneiden, gleich mit dem restlichen Zitronensaft mischen, damit sie nicht braun anlaufen. Alle vorbereiteten Zutaten mischen.

4. Für die Salatsauce die Zwiebel schälen und fein hacken. Den Kümmel im Mörser zerreiben. Die saure Sahne mit Kümmel, Salz, Pfeffer, Zucker und dem Nelkenpulver schaumig schlagen, mit dem Essig mischen. Die Sauce über die Salatzutaten gießen und unterziehen. Der Salat schmeckt frisch; Sie können ihn aber auch noch etwas durchziehen lassen.

GARNIEREN: mit grob gehackten Petersilienblättchen

GETRÄNK: trockener herber Weißwein, z. B. Müller-Thurgau aus Sachsen

FÜR ANFÄNGER
AUS BAYERN

Krautsalat mit Speck

ZUBEREITUNG: 45 Min.
PRO PORTION CA.: 230 kcal

FÜR 4 PERSONEN:

1 kleiner Weißkohl
1 große Zwiebel
3 EL Öl
3 EL Zucker
3 EL heller Essig
Salz
Pfeffer, frisch gemahlen
1/2 TL Kümmel
75 g durchwachsener Speck (Frühstücksspeck)

1. Vom Kohl die äußeren Blätter entfernen, den Kohl vierteln und den Strunk großzügig ausschneiden. Den Kohl in feine Streifen hobeln und in eine Schüssel geben. Mit kochendem Wasser übergießen und 2 Min. ziehen lassen. Den Kohl in ein Sieb abgießen und abtropfen lassen. Die Kohlstreifen fest ausdrücken und in eine Schüssel geben.

2. Die Zwiebel schälen und fein hacken. Das Öl erhitzen und die Zwiebel darin bei mittlerer Hitze goldgelb braten. Den Zucker darüber streuen und honiggelb karamellisieren lassen. Mit 100 ml Wasser und dem Essig ablöschen, kräftig aufkochen lassen und heiß über die Kohlstreifen gießen. Mit Salz, Pfeffer und Kümmel würzen, kräftig durchmischen und etwas abkühlen lassen.

3. Zum Servieren den Speck ohne Schwarte und Knorpel in feine Streifen schneiden. In einem Pfännchen ohne Fett bei mittlerer Hitze auslassen und knusprig braten. Heiß über den Krautsalat streuen und servieren.

GARNIEREN: mit Schnittlauchröllchen bestreuen

GETRÄNK: frisches bayerisches Bier oder ein aromatischer Weißwein, z. B. ein trockener Bacchus aus Franken

TIPP!

Den Krautsalat gibt es in Bayern zu fast jedem Gericht. Auch auf Salattellern mit Kartoffelsalat ist er immer dabei. Schmeckt am besten, wenn er eine Zeitlang durchziehen kann.

Der Orangen-Apfel-Salat ist, man glaubt es kaum, ein Klassiker aus Westfalen, der schon vor 100 Jahren im Winter zum Braten serviert wurde.

FÜR ANFÄNGER
AUS WESTFALEN

ZUBEREITUNG: 20 Min.
MARINIERZEIT: 2 Std.
PRO PORTION CA.: 90 kcal

FÜR 4 PERSONEN:

2 Orangen
3 säuerliche Äpfel (Boskop)
2 EL Zucker
50 ml herber Weißwein (ersatzweise Apfelsaft)
1 EL Zitronensaft

Orangen-Apfel-Salat

1. Die Orangen mit einem scharfen Messer dick bis ins Fruchtfleisch schälen, so dass auch die weiße Haut entfernt wird. Die Fruchtspalten zwischen den hellen Trennhäuten herausschneiden, dabei den Saft auffangen. Die Äpfel schälen, vierteln und die Kerngehäuse ausschneiden. Apfelviertel in feine Spalten schneiden.

2. Orangen und Äpfel in einer Schüssel mit dem Zucker mischen, mit Weißwein, Zitronensaft und dem Orangensaft beträufeln. Zugedeckt etwa 2 Std. marinieren lassen.

GARNIEREN: mit Zitronenmelisseblättchen

FÜR ANFÄNGER
AUS HESSEN

MARINIERZEIT: 1 Std.
GARZEIT: 1 Std.
ZUBEREITUNG: 15 Min.
PRO PORTION CA.: 90 kcal

FÜR 4 PERSONEN:

1 Sellerieknolle (1 kg)
Salz
1 EL Zitronensaft
1 Zwiebel
Pfeffer, frisch gemahlen
3 EL Estragonessig
3 EL Öl

Selleriesalat

1. Die Sellerieknolle putzen und schälen. In einem Topf mit Wasser bedecken, salzen und den Zitronensaft zugeben. Aufkochen lassen und den Sellerie bei schwacher Hitze zugedeckt in etwa 1 Std. bissfest garen. Mit einem spitzen Messer prüfen, ob die Knolle gar ist. Den Sellerie aus der Brühe heben und noch warm in 1/2 cm dicke Scheiben schneiden, in eine Schüssel geben.

2. Die Zwiebel schälen und sehr fein würfeln. Mit Salz, Pfeffer, Essig, Öl und etwa 75 ml Kochbrühe unter den Sellerie mischen. Zugedeckt etwa 1 Std. bei Zimmertemperatur marinieren.

GARNIEREN: mit gehackter Petersilie

TIPP!

Sie können auch die rohe Sellerieknolle in Scheiben schneiden und in wenig Gemüsebrühe kochen, dann ist sie schneller gar.

FÜR ANFÄNGER
AUS DER PFALZ

ZUBEREITUNG: 45 Min.
PRO PORTION CA.: 115 kcal

FÜR 4 PERSONEN:

750 g zarte grüne Bohnen (Brechbohnen)
3 Zweige Bohnenkraut
Salz | 1 große Zwiebel
3 EL Öl
75 ml kräftige Gemüsebrühe
2 EL Weißweinessig
weißer Pfeffer, frisch gemahlen
1 EL gehackte Petersilie

Grüne-Bohnen-Salat

BROCKELBOHNE-SALAT

1. Die Bohnen waschen, die Enden abschneiden und die Bohnen in der Mitte durchbrechen. Das Bohnenkraut waschen. Reichlich Wasser aufsetzen. Wenn es sprudelnd kocht, kräftig salzen und die Bohnen mit dem Bohnenkraut darin offen etwa 10 Min. kochen. Wenn sie bissfest gar sind, in ein Sieb abgießen, in eiskaltem Wasser abschrecken und abtropfen lassen.

2. Die Zwiebel schälen und sehr fein hacken. 1 EL Öl erhitzen und die Zwiebel darin glasig dünsten. Mit Brühe und Essig ablöschen, mit Salz und Pfeffer würzen und über die Bohnen gießen. Die Bohnen in der Sauce wenden und etwa 20 Min. ziehen lassen.

3. Zum Servieren die Bohnen mit dem restlichen Öl und gehackter Petersilie vermischen, mit Salz und Pfeffer abschmecken.

GARNIEREN: mit Bohnenkrautspitzen oder Petersilienzweigen

Salate nur aus zartem Frühlingsgemüse bestehend waren früher in Deutschland nicht sehr gebräuchlich, außer in der Mark Brandenburg.

FÜR GEÜBTE
AUS BRANDENBURG

Salat Gärtnerinart

ZUBEREITUNG: 1 Std.
PRO PORTION CA.: 205 kcal

FÜR 4 PERSONEN:

3 Sardellenfilets (in Salzlake)
2 Schalotten
2 hart gekochte Eier
1 EL mittelscharfer Senf
3 EL Apfelessig (Obstessig)
4 EL Rapsöl
Salz
Pfeffer, frisch gemahlen
Zucker
1 EL gehackte Petersilie
250 g Blumenkohl
250 g Spargel
250 g zarte grüne Bohnen
250 g grüne Erbsen
1 Bund Radieschen

1. Die Sardellenfilets kalt abspülen, mit Küchenpapier abtrocknen und sehr fein hacken. Schalotten schälen und klein würfeln. Eier pellen, die Eigelbe auslösen und mit einer Gabel zerdrücken, die Eiweiße beiseite stellen. Die Eigelbe in einer Schüssel mit den Sardellen, Schalotten, Senf, Essig, Öl, Salz, Pfeffer, 1 Prise Zucker und Petersilie verrühren. Beiseite stellen.

2. Das Gemüse waschen und putzen. Den Blumenkohl in kleine Röschen zerteilen. Den Spargel schälen. Die grünen Bohnen in der Mitte durchbrechen.

3. Reichlich Wasser aufkochen lassen, kräftig salzen. Zuerst den Spargel darin 7 Min. sprudelnd kochen, herausheben, in kaltem Wasser abschrecken und in einem Sieb abtropfen lassen. Danach nacheinander Blumenkohl, Bohnen und Erbsen jeweils in etwa 10 Min. bissfest kochen, abschrecken und abtropfen lassen.

4. Jedes Gemüse mit einem Viertel der Senfsauce mischen und auf einer Platte anrichten. Dic Radieschen waschen, halbieren und um den Salat herum anrichten. Die Eiweiße grob hacken und über den Salat streuen. Mit Weißbrot servieren.

GARNIEREN: mit zarten Radieschenblättern

GETRÄNK: trockener Weißwein, z. B. ein Silvaner Kabinett trocken aus Franken

FÜR ANFÄNGER
AUS SACHSEN

Reis-Gemüse-Salat

ZUBEREITUNG: 1 Std.
PRO PORTION CA.: 210 kcal

FÜR 4 PERSONEN:

Salz
150 g Langkorn-Reis
100 g Lauch
100 g Blumenkohlröschen
100 g Rosenkohl
100 g Möhren
weißer Pfeffer, frisch gemahlen
1 milde Zwiebel
1 Knoblauchzehe
3 EL Weißweinessig
3 EL Rapsöl
1 TL mittelscharfer Senf

1. Reichlich Wasser aufsetzen, salzen und den Reis einstreuen. Zugedeckt in etwa 18 Min. bissfest kochen. In ein Sieb abgießen, kalt überbrausen und abtropfen lassen.

2. Das Gemüse waschen und putzen. Den Lauch schräg in Scheiben schneiden. Die Blumenkohlröschen noch kleiner zerteilen. Die Rosenkohlröschen halbieren. Die Möhren schälen und in bleistiftdicke Stifte schneiden. Alle Gemüse in einen Topf geben, salzen und pfeffern, etwa 100 ml Wasser angießen. Aufkochen lassen und das Gemüse zugedeckt bei schwacher Hitze in etwa 15 Min. knackig gar dünsten. Dann das Gemüse offen etwas abkühlen lassen.

3. Die Zwiebel und den Knoblauch schälen. Die Zwiebel fein hacken. Knoblauch halbieren und eine Salatschüssel damit ausreiben. Die Zwiebel mit Essig, Öl, Senf, Salz und Pfeffer in der Schüssel mischen.

4. Den Reis mit der Salatsauce mischen, dann das Gemüse samt Sud vorsichtig unterheben. Nach Belieben noch etwas durchziehen lassen.

GARNIEREN: mit grob gehackten Petersilienblättchen und Toastdreiecken

GETRÄNK: mittelkräftiger Weißwein, z. B. ein Müller-Thurgau trocken aus Sachsen oder Rheinhessen

FÜR GEÜBTE
AUS BRANDENBURG

ZUBEREITUNG: 45 Min.
MARINIERZEIT: 8 Std.
PRO PORTION CA.: 755 kcal

FÜR 4 PERSONEN:

- 2 aromatische Äpfel (z. B. Braeburn, Cox Orange)
- 1 EL Zitronensaft
- 200 g gekochter Schinken
- 2 dünne Stangen Lauch
- 150 g eingelegte Sellerie-streifen (aus dem Glas)
- 150 g Ananasstücke (aus der Dose)
- 150 g Maiskörner (aus der Dose)
- 5 hart gekochte Eier
- 150 g Mayonnaise
- 100 g saure Sahne
- Salz
- Pfeffer, frisch gemahlen
- 100 g grob geriebener Käse (Emmentaler oder Gouda)

Partysalat mit Lauch und Schinken

SCHICHTSALAT

1. Die Äpfel schälen, vierteln und die Kerngehäuse ausschneiden. Die Viertel würfeln und mit Zitronensaft mischen. Den Schinken ohne Fettrand in Streifen schneiden. Den Lauch putzen, längs aufschneiden und gründlich waschen, abtropfen lassen. Den hellen Teil in ganz feine Scheiben schneiden. Sellerie, Ananas und Mais abtropfen lassen. Die Eier pellen und in Scheiben schneiden. Die Mayonnaise mit Sahne, Salz und Pfeffer verrühren.

2. Alle Zutaten nacheinander in eine Schüssel schichten: Sellerie, Apfel, Schinken, Lauch, Mais, Ananas und die Eischeiben. Darüber die Mayonnaise verteilen und die Schüssel auf einen weichen Untergrund leicht aufstoßen, damit möglichst wenig Zwischenraum zwischen den Zutaten bleibt. Mit dem Käse bestreuen und zugedeckt etwa 8 Std., am besten über Nacht, im Kühlschrank ziehen lassen. Zum Servieren den Salat so aus der Schüssel schöpfen, dass von allen Zutaten etwas dabei ist.

GARNIEREN: mit gehackter Petersilie oder Kapuzinerkresseblüten

GETRÄNK: ein säurebetonter Weißwein, z. B. ein Kerner aus Sachsen

FÜR ANFÄNGER
AUS DEM RHEINLAND

ZUBEREITUNG: 45 Min.
PRO PORTION CA.: 355 kcal

FÜR 4 PERSONEN:

- 250 g kleine Hörnchennudeln, ersatzweise Gabelspaghetti
- Salz
- 4 EL Sonnenblumenöl
- 150 g zarte grüne Bohnen
- 4 große Blätter Endiviensalat
- 100 g gekochter Schinken
- 1 große milde Zwiebel
- 3 EL Weißweinessig
- 2 TL scharfer Senf
- Pfeffer, frisch gemahlen
- 2 EL grob gehackte Walnusskerne

Nudelsalat mit Endivie und Schinken

NUDELSALAT MIT DIFSCHE

1. Reichlich Wasser aufkochen lassen, die Nudeln einrühren, das Wasser salzen und die Nudeln nach Packungsangabe bissfest kochen, dabei öfter umrühren. Die garen Nudeln in ein Sieb abgießen, mit kaltem Wasser überbrausen und abtropfen lassen. In eine Schüssel geben und 2 EL Öl untermischen.

2. Die Bohnen waschen, putzen und in 2 cm lange Stücke schneiden. In kochendem Salzwasser 10 Min. garen, in kaltem Wasser abschrecken und abtropfen lassen. Endiviensalat waschen, mit Küchenpapier trockentupfen und in sehr feine Streifen schneiden. Mit den Bohnen zu den Nudeln geben.

3. Schinken ohne Fettrand klein würfeln. Die Zwiebel schälen und fein hacken. Beides zu den Nudeln geben.

4. Aus Essig, Senf, Salz, Pfeffer und dem übrigen Öl eine Salatsauce rühren und unter den Salat heben. Nach Belieben noch etwas durchziehen lassen. Mit gehackten Nüssen bestreuen.

GARNIEREN: mit Tomatenachteln

GETRÄNK: spritziger Weißwein, z. B. ein Silvaner trocken aus Rheinhessen

TIPP!

»Difsche«, wie der Endiviensalat im Rheinhessischen genannt wird, ist leicht bitter. Werden die Salatstreifen ein paar Minuten in lauwarmes Wasser gelegt, schmecken sie viel milder.

FÜR GEÜBTE
AUS SCHLESIEN

EINWEICHZEIT: über Nacht
ZUBEREITUNG: 1 1/2 Std.
GARZEIT: 1 1/2 Std.
PRO PORTION CA.: 745 kcal

FÜR 4 PERSONEN:

250 g getrocknete weiße Bohnen
100 g braune Linsen (Tellerlinsen)
1 kleine Sellerieknolle (400 g)
250 g fest kochende Kartoffeln
3 Möhren
Salz
2 säuerliche Äpfel
4 Essiggurken + 5 EL Sud
5 EL Essig
2 EL mittelscharfer Senf
5 cm frische Meerrettichwurzel
75 g fetter Speck ohne Schwarte
1 EL Öl | 50 g Butter
200 g Räucherlachs in Scheiben

Wintersalat mit Bohnen und Linsen

WELSCHER SALAT

1. Die Hülsenfrüchte getrennt in reichlich Wasser über Nacht einweichen. Zur Zubereitung in Siebe gießen und abtropfen lassen.

2. Die Bohnen in frischem Wasser aufsetzen und zugedeckt in etwa 1 1/2 Std. gar köcheln lassen. Die Linsen in Wasser aufsetzen, in etwa 45 Min. garen (Step 1).

3. Sellerie, Kartoffeln und Möhren waschen, getrennt in Salzwasser bissfest garen (Sellerie braucht etwa 45 Min., Kartoffeln und Möhren etwa 30 Min.). Das Gemüse abgießen, abtropfen und etwas abkühlen lassen.

4. Die garen Hülsenfrüchte abgießen, abtropfen lassen und in eine Schüssel füllen. Das Gemüse schälen, würfeln und zu den Hülsenfrüchten geben (Step 2).

5. Die Äpfel schälen, vierteln und die Kerngehäuse ausschneiden. Äpfel und Essiggurken würfeln, beides mit Sud, Essig und Senf unter die Gemüsemischung heben. Meerrettich waschen, schälen und reiben (Step 3), unter den Salat mischen.

6. Den Speck klein würfeln und in dem Öl hellbraun und knusprig braten (Step 4), über den Salat gießen. Die Butter bei mittlerer Hitze zerlassen und leicht bräunen, ebenfalls über den Salat gießen. Alles vermischen und zugedeckt über Nacht im Kühlschrank durchziehen lassen.

7. Zum Servieren den Salat noch einmal vorsichtig durchmischen und mit Salz abschmecken. Räucherlachs in Streifen schneiden und den Salat damit garnieren. Zimmerwarm servieren.

Der gehaltvolle Salat wurde früher als Beilage zu Karpfen oder, mit Räucherlachs, Salzheringen oder Fleischwurst, als eigenständiges Gericht serviert. Der seltsame Name kommt von dem altdeutschen Wort »welsch«, was »aus der Fremde stammend« bedeutet.

1. Kleine weiße Bohnen sowie die Linsen in möglichst kalkarmem Wasser aufsetzen und langsam aufkochen lassen. Schaum abschöpfen.

2. Dann gut abtropfen lassen, damit sie die Salatsauce besser aufnehmen. Das Gemüse in bohnengroße Würfel schneiden, zu den warmen Hülsenfrüchten geben.

3. Ein möglichst dickes Stück Meerrettich schälen und nicht zu fein reiben. Oder in Stücke schneiden und im Blitzhacker zerkleinern.

4. Den Speck möglichst klein würfeln, damit das Fett ausbrät. In einer kleinen Pfanne bei mittlerer Hitze braten, bis die Stücke (Grieben) hellbraun und knusprig sind.

Typisch für den Berliner Kartoffelsalat ist, dass er »frei nach Schnauze« zu ergänzen ist – mit hart gekochten Eiern, Würstchen, Salzhering, Salz- und Senfgurken.

FÜR ANFÄNGER
AUS BERLIN

ZUBEREITUNG: 20 Min.
GARZEIT: 30 Min.
PRO PORTION CA.: 255 kcal

FÜR 4 PERSONEN:

1 kg fest kochende Kartoffeln
Salz
1 Knoblauchzehe
100 ml milder Essig
6 EL Öl
1 EL mittelscharfer Senf
Pfeffer, frisch gemahlen
Zucker
1 Bund Frühlingszwiebeln (möglichst junge Zwiebeln mit Zwiebellauch, s. Tipp)

Kartoffelsalat mit Frühlingszwiebeln

KARTOFFELSALAT MIT BOLLENPIEPEN

1. Die Kartoffeln waschen, ungeschält in Salzwasser aufsetzen und zugedeckt je nach Größe 25–35 Min kochen. Abgießen und ausdampfen lassen. Knoblauch schälen, halbieren und eine Salatschüssel damit ausreiben.

2. Die Kartoffeln noch warm schälen und in Scheiben schneiden, in die Schüssel geben. Mit Essig und Öl übergießen, mit Senf, Salz, Pfeffer und 1 guten Prise Zucker würzen. Vorsichtig durchmischen.

3. Die Frühlingszwiebeln putzen, waschen und samt Grün in feine Scheiben schneiden. Zu den Kartoffeln geben und unterheben. Kurz durchziehen lassen.

GARNIEREN: mit hart gekochten Eiern

GETRÄNK: frisches Weizenbier (Berliner Weiße oder Weißbier)

TIPPS!

Kartoffelsalat braucht viel Flüssigkeit. Zu sauren Essig vorher mit Wasser oder Gemüsebrühe verdünnen. »Bollenpiepen« sind ursprünglich Schlottenzwiebeln, kleine frische Zwiebeln mit weißer, flach-runder Knolle und Lauchgrün, die es vor allem im Sommer frisch gibt.

FÜR ANFÄNGER
AUS THÜRINGEN

ZUBEREITUNG: 30 Min.
GARZEIT: 30 Min.
ABKÜHLZEIT: 2 Std.
PRO PORTION CA.: 275 kcal

FÜR 4 PERSONEN:

400 g fest kochende Kartoffeln
Salz
200 g Möhren
100 g grüne Erbsen (frisch oder TK)
2 große Salzgurken (aus dem Glas)
1 hart gekochtes Ei
3 EL Mayonnaise
2 EL Weißweinessig
1 EL mittelscharfer Senf
weißer Pfeffer, frisch gemahlen
250 g Hähnchenbrustfilets
1 EL Öl
2 TL Butter

Bunter Kartoffelsalat mit Hähnchen

1. Kartoffeln waschen, ungeschält in Salzwasser aufsetzen und zugedeckt je nach Größe 25–35 Min kochen. Abgießen, ausdampfen und abkühlen lassen.

2. Die Möhren waschen, schälen und in kleine Würfel schneiden. In wenig Salzwasser in etwa 10 Min. bissfest kochen, nach 5 Min. die Erbsen zugeben und mitgaren. Das Gemüse in einem Sieb abtropfen und abkühlen lassen.

3. Die Salzgurken würfeln. Das Ei pellen und hacken. Die abgekühlten Kartoffeln schälen und in kleine Würfel schneiden. Alles mit dem Gemüse mischen. Die Mayonnaise mit Essig und Senf verrühren, unter die Gemüsemischung heben, mit Salz und Pfeffer abschmecken, bis zum Servieren ziehen lassen.

4. Die Hähnchenbrustfilets mit Küchenpapier trockentupfen, rundum mit Salz und Pfeffer würzen. In einer Pfanne das Öl mit Butter erhitzen, die Hähnchenfilets darin bei mittlerer Hitze etwa 4 Min. pro Seite braten, die Pfanne vom Herd nehmen und das Fleisch kurz nachziehen lassen. In Streifen schneiden und auf dem Salat anrichten.

GARNIEREN: mit krauser Petersilie und Toastdreiecken

GETRÄNK: halbtrockener Weißwein, z. B. ein Grauburgunder aus Rheinhessen

TIPP!

Schneller geht es, wenn Sie das Fleisch von einem fertigen Grillhähnchen ablösen und auf dem Salat anrichten.

Das traditionelle bayerische Gründonnerstagsgericht wurde früher mit neun Kräutern bereitet. Das Gegenstück in Nord- und Ostdeutschland ist die Sauerampfersuppe.

FÜR ANFÄNGER AUS NORDDEUTSCHLAND

Sauerampfersuppe

ZUBEREITUNG: 35 Min.
PRO PORTION CA.: 210 kcal

FÜR 4 PERSONEN:

150 g zarte Spinatblätter
100 g Sauerampfer
Salz
1 Zwiebel
2 EL Butter
2 EL Mehl
100 ml Milch
3/4 l Gemüsebrühe
weißer Pfeffer, frisch gemahlen
Muskatnuss, frisch gemahlen
100 g Sahne
1 Eigelb

1. Spinat und Sauerampfer gründlich waschen, grobe Stiele entfernen. Reichlich Wasser aufkochen lassen, salzen und die Blätter darin 3 Min. überbrühen. In ein Sieb abgießen und in kaltem Wasser abschrecken, abtropfen lassen.

2. Die Zwiebel schälen und sehr fein hacken. In einem Suppentopf die Butter aufschäumen lassen und die Zwiebelwürfel darin glasig andünsten. Das Mehl zugeben und kurz anrösten. Den Topf vom Herd nehmen und ein wenig abkühlen lassen. Milch und die Brühe zugießen und unter Rühren aufkochen lassen. Bei mittlerer Hitze etwa 5 Min. köcheln lassen.

3. Spinat- und Sauerampferblätter zerschneiden und in die Suppe rühren. Mit Salz, Pfeffer und Muskat abschmecken und mit dem Pürierstab glatt mixen. Die Sahne mit dem Eigelb verquirlen, in die heiße Suppe mixen und erhitzen, bis die Suppe gebunden ist (nicht kochen lassen, sonst gerinnt das Eigelb). Sofort in Teller verteilen und servieren.

GARNIEREN: mit fein geschnittenen Sauerampferblättern bestreuen

TIPP!

Der feine, zart säuerliche Geschmack des Sauerampfers geht durch längeres Erhitzen verloren, deshalb die Suppe nicht lange warm halten.

FÜR ANFÄNGER AUS BAYERN

Frühlingskräutlsuppe

ZUBEREITUNG: 45 Min.
PRO PORTION CA.: 390 kcal

FÜR 4 PERSONEN:

1 Bund glatte Petersilie
50 g Kerbel
50 g Sauerampfer- oder Brunnenkresseblättchen
1 Zwiebel
5 EL Butter
3 EL Mehl
1 l Gemüsebrühe
150 g Sahne
2 Eigelbe
1 TL abgeriebene Zitronenschale
2 Brötchen (Semmeln) vom Vortag
Salz | Pfeffer, frisch gemahlen
Muskatnuss, frisch gemahlen

1. Die Kräuter verlesen, harte Stängel entfernen und die Blätter waschen, abtropfen lassen. Die Zwiebel schälen und fein würfeln. In einem Suppentopf 3 EL Butter bei mittlerer Hitze aufschäumen lassen. Die Zwiebel darin hell andünsten, das Mehl einrühren und kurz anrösten.

2. Den Topf vom Herd nehmen und einen Augenblick abkühlen lassen. Die Gemüsebrühe angießen und unter Rühren aufkochen, offen bei schwacher Hitze etwa 10 Min. köcheln lassen.

3. Die Sahne mit den Eigelben und der Zitronenschale verquirlen. Die Brötchen entrinden und in kleine Würfel schneiden. In einer Pfanne die restliche Butter erhitzen und die Brötchenwürfel bei mittlerer Hitze rundum goldgelb rösten. In Suppenteller verteilen.

4. Die Kräuter (einige Kerbelblättchen zum Garnieren aufheben) in die Suppe rühren. Die Sahnemischung zugießen und alles mit einem Pürierstab mixen, bis die Suppe cremig-schaumig ist (nicht kochen lassen, sonst gerinnen die Eigelbe). Mit Salz, Pfeffer und Muskat abschmecken und über die Brötchenwürfel verteilen.

GARNIEREN: mit Kerbelblättchen

TIPP!

Die Kräuterstängel nicht wegwerfen, sondern mit Küchengarn zu einem Bündel schnüren, in der Suppe mitgaren und vor dem Pürieren entfernen.

FÜR ANFÄNGER
AUS SCHWABEN

ZUBEREITUNG: 45 Min.
PRO PORTION CA.: 145 kcal

FÜR 4 PERSONEN:

5 EL Mehl
2 EL Milch
1 Ei (Größe M)
Salz
Pfeffer, frisch gemahlen
1 EL fein gehackte Petersilie
2 EL Butter
1 l Fleischbrühe
2 Gewürznelken
1 Lorbeerblatt
1 EL Butterschmalz
3 EL Weißweinessig

Saure Pfannkuchensuppe

FLÄDLESUPPE

1. Für die Flädle in einem Schüsselchen 3 EL Mehl mit der Milch anrühren, das Ei, Salz und Pfeffer zugeben und alles zu einem glatten Teig verrühren. Die Petersilie untermischen und den Teig etwa 15 Min. quellen lassen.

2. In einem Suppentopf die Butter erhitzen, 2 EL Mehl einstreuen und bei nicht zu starker Hitze unter Rühren hellbraun anrösten. Den Topf vom Herd nehmen und kurz abkühlen lassen. Die Brühe angießen und unter Rühren aufkochen lassen. Nelken und Lorbeerblatt zugeben, die Suppe offen etwa 15 Min. köcheln lassen.

3. In einer kleinen Pfanne etwas Butterschmalz erhitzen und aus dem Flädleteig nacheinander 2 dünne helle Pfannkuchen backen. Die fertigen Pfannkuchen aufrollen und etwas abkühlen lassen.

4. Die Suppe mit Salz, Pfeffer und dem Essig säuerlich abschmecken. Die Gewürze entfernen. Die Pfannkuchen in dünne Streifen schneiden und in Suppenteller verteilen. Die sehr heiße Suppe darüber schöpfen und gleich servieren.

GARNIEREN: mit Schnittlauchröllchen

TIPPS!

Wenn Sie die Nelken und das Lorbeerblatt in eine geschälte Zwiebel stecken und so mitgaren, lassen sich die Gewürze leichter entfernen.
Für eine leichtere Suppe können Sie die Flädle auch in einer klaren Brühe servieren.

Grünkernsuppe

GRIENKERNSUPP

FÜR ANFÄNGER
AUS DER PFALZ

ZUBEREITUNG: 35 Min.
PRO PORTION CA.: 160 kcal

FÜR 4 PERSONEN:

3 EL Butter
60 g Grünkernschrot
1 l Fleischbrühe
1 Bund Suppengemüse
1 Knoblauchzehe
Salz
Pfeffer, frisch gemahlen
Muskatnuss, frisch gemahlen
4 EL saure Sahne

1. In einem Suppentopf die Hälfte der Butter zerlassen, den Grünkernschrot einstreuen und unter Rühren bei mittlerer Hitze rösten, bis der Schrot nussig duftet und leicht bräunt. Unter ständigem Rühren die Fleischbrühe angießen und aufkochen lassen. Zugedeckt bei schwacher Hitze etwa 20 Min. köcheln lassen.

2. Das Suppengemüse waschen, putzen und in winzig kleine Würfel schneiden. Den Knoblauch schälen und fein würfeln. In einem Pfännchen die restliche Butter zerlassen und die Gemüse- und Knoblauchwürfel bei mittlerer Hitze etwa 5 Min. dünsten, ohne dass sie Farbe annehmen.

3. Die Gemüsewürfel in die Suppe rühren und 5 Min. leise mitkochen lassen. Die Suppe mit Salz, Pfeffer und Muskat abschmecken. Die saure Sahne cremig rühren. Die Suppe in Teller verteilen und jeweils 1 Klecks Sahne darauf geben.

GARNIEREN: mit gehackter Petersilie oder Kerbel bestreuen

TIPP!

Statt Grünkernschrot können Sie auch grob gemahlenen Dinkel nehmen, denn Grünkern ist halbreif geernteter Dinkel, der über Buchenholzfeuer geröstet und so lagerfähig wird. Das gibt allerdings einen sehr typischen Geschmack.

FÜR ANFÄNGER
AUS SACHSEN

Zwiebelsuppe mit Senf und Sahne

ZUBEREITUNG: 45 Min.
PRO PORTION CA.: 320 kcal

FÜR 4 PERSONEN:

300 g Zwiebeln
2 Knoblauchzehen
4 EL Butter
2 EL Mehl
2 EL mittelscharfer Senf
1 l Fleischbrühe
150 g Sahne
50 g Schmand (dicke saure Sahne)
1 säuerlicher Apfel (Boskop, Cox Orange)
Salz | Pfeffer, frisch gemahlen
Zucker
1 Brötchen vom Vortag

1. Die Zwiebeln und den Knoblauch schälen. Die Zwiebeln halbieren und in Scheiben schneiden, den Knoblauch fein hacken. In einem Suppentopf 3 EL Butter erhitzen und die Zwiebeln unter Rühren in etwa 7 Min. goldgelb braten. Den Knoblauch zugeben und das Mehl darüber stäuben. Kurz andünsten, dann den Topf vom Herd nehmen und kurz abkühlen lassen.

2. Den Senf einrühren und die Brühe angießen, unter Rühren aufkochen lassen. 100 g Sahne und den Schmand unterquirlen. Den Apfel schälen und ohne Kerngehäuse direkt in die Suppe reiben. Zugedeckt bei schwacher Hitze etwa 30 Min. köcheln lassen.

3. Die Suppe mit Salz, Pfeffer und 1 Prise Zucker abschmecken. Das Brötchen entrinden und in kleine Würfel schneiden. Die restliche Butter erhitzen und die Brötchenwürfel rundum goldgelb rösten.

4. Die restliche Sahne halbsteif schlagen und unter die Suppe rühren. Mit Brötchenwürfeln bestreuen und servieren.

GARNIEREN: mit gehackter Petersilie

VARIANTE: Für eine **Thüringische Zwiebelsuppe** den Senf weglassen, stattdessen 100 g Kochsalami in Streifen mitgaren. Geriebenen Käse dazustellen.

FÜR GEÜBTE
AUS DEM RHEINLAND

Grüne Erbsensuppe mit Grießklößchen

ZUBEREITUNG: 1 Std.
GARZEIT: 45 Min.
PRO PORTION CA.: 420 kcal

FÜR 4 PERSONEN:

2 Möhren
1 kleine Stange Lauch
150 g Dörrfleisch (Räucherspeck)
$1^1/_4$ l Fleischbrühe
750 g Palerbsen oder Markerbsen in der Schote
1 EL Butter
60 g Hartweizen-Grieß
$^1/_4$ l Milch
25 g geriebener Käse (Bergkäse, alter Gouda)
1 Ei (Größe M)
Salz | Pfeffer, frisch gemahlen
Muskatnuss, frisch gerieben

1. Die Möhren schälen. Den Lauch putzen, längs aufschneiden und gründlich waschen. Beides in Scheiben schneiden. Das Dörrfleisch in der kalten Brühe aufsetzen, aufkochen lassen und das Gemüse zugeben. Zugedeckt bei schwacher Hitze insgesamt etwa 45 Min. garen.

2. Inzwischen die Erbsen aus den Schoten palen und beiseite stellen. Für die Nocken die Butter erhitzen, den Grieß einstreuen und hellgelb anrösten. Mit der Milch ablöschen und unter Rühren köcheln lassen, bis sich die Masse vom Topfboden löst. Den geriebenen Käse untermischen, die Masse etwas abkühlen lassen.

3. Die Erbsen in die Brühe geben und 15–20 Min. mitgaren. Das Ei unter den Grieß rühren, mit Salz und Pfeffer würzen. In einem breiten Topf Wasser aufkochen lassen, salzen. Mit zwei Teelöffeln aus der Grießmasse Klößchen formen und im leise siedenden Wasser 10 Min. garen.

4. Das Dörrfleisch aus der Suppe heben, die Schwarte entfernen und das Fleisch klein würfeln, wieder in die Suppe geben. Mit Salz, Pfeffer und Muskat abschmecken und die Erbsensuppe in Teller verteilen. Die Grießklößchen mit einer Schaumkelle aus dem Salzwasser heben, abtropfen lassen und auf die Teller verteilen, gleich servieren.

GARNIEREN: mit gehackten Majoranblättchen bestreuen

So frisch gibt es (Zucker-)Erbsen nur im Juli. Ansonsten kauft man sie tiefgefroren, in Konserven oder getrocknet.

Die Franken sagen zu den späten Gurken, die nur noch zum Einlegen geeignet sind, »Kümmerl«, weil sie so klein und kümmerlich geblieben sind.

FÜR ANFÄNGER
AUS FRANKEN

ZUBEREITUNG: 30 Min.
PRO PORTION CA.: 210 kcal

FÜR 4 PERSONEN:

- 1 große Zwiebel
- 1 Knoblauchzehe
- 3 EL Butter
- 3 EL Mehl
- 3/4 l Gemüsebrühe
- 1/4 l trockener Weißwein (Silvaner; ersatzweise Brühe)
- 1 Bund Dill
- 2 dicke Gewürzgurken (»Kümmerl«) + 3 EL Lake
- 50 g Sahne
- Salz
- Pfeffer, frisch gemahlen

Pikante Suppe mit Delikatessgurken

KÜMMERLSUPPE

1. Die Zwiebel und den Knoblauch schälen, beides fein hacken. In einem Suppentopf die Butter heiß werden lassen, Zwiebel und Knoblauch darin bei mittlerer Hitze goldgelb dünsten. Das Mehl einrühren und einmal aufschäumen lassen. Den Topf vom Herd nehmen und etwas abkühlen lassen.

2. Die Brühe und den Wein in den Topf gießen und unter Rühren aufkochen lassen. Bei mittlerer Hitze offen etwa 10 Min. köcheln lassen.

3. Den Dill waschen, trockenschwenken und einige Dillspitzen beiseite legen, den Rest fein schneiden. Die Gurken klein würfeln. Gurken, geschnittenen Dill und die Gurkenlake unter die Suppe rühren, die Sahne unterquirlen, die Suppe mit Salz und Pfeffer abschmecken und servieren.

GARNIEREN: mit den Dillspitzen

TIPP!

Statt mit Mehl-Butter können Sie die Suppe auch mit 1 Kartoffel binden: Diese sehr klein würfeln und andünsten. Mit Brühe aufgießen, 15 Min. garen und mit dem Pürierstab glatt mixen.

FÜR ANFÄNGER
AUS BAYERN

ZUBEREITUNG: 45 Min.
PRO PORTION CA.: 250 kcal

FÜR 4 PERSONEN:

- 2 EL getrocknete Steinpilze
- 75 g durchwachsener Speck (»Wammerl«) ohne Schwarte und Knorpel
- 1 Zwiebel
- 1 Möhre
- 250 g Kürbisfleisch (geputzt gewogen)
- 400 g vorwiegend fest kochende Kartoffeln
- 1 EL Butter
- 1 l kräftige Fleischbrühe
- 1 Lorbeerblatt
- 1/4 TL getrockneter Thymian
- 1/4 TL getrockneter Majoran
- Salz | Pfeffer, frisch gemahlen
- 3 EL saure Sahne oder Crème fraîche

Kartoffel-Kürbis-Suppe

1. Die Steinpilze in etwa 100 ml warmem Wasser einweichen. Den Speck in kleine Würfel schneiden. Die Zwiebel und die Möhre schälen und fein würfeln. Das Kürbisfleisch in etwa 1 cm große Würfel schneiden. Die Kartoffeln schälen und klein würfeln.

2. In einem Suppentopf die Butter erhitzen. Bei nicht zu starker Hitze die Speck-, Zwiebel- und Möhrenwürfel unter Rühren goldgelb braten. Die Kürbis- und die Kartoffelwürfel zugeben und kurz andünsten. Die Brühe aufgießen.

3. Die Steinpilze aus der Einweichflüssigkeit heben und ausdrücken, in die Suppe geben. Die Einweichflüssigkeit durch ein Filterpapier dazugießen, Lorbeerblatt und Kräuter in die Suppe rühren, zugedeckt bei schwacher Hitze etwa 30 Min. köcheln lassen.

4. Die Suppe mit einem Kartoffelstampfer leicht zerdrücken oder mit einem Pürierstab kurz anpürieren, bis die Suppe gebunden, aber noch leicht stückig ist. Mit Salz und Pfeffer abschmecken und die saure Sahne einrühren. In Teller verteilen und servieren.

GARNIEREN: mit grünschaligen Kürbiskernen bestreuen

Das Blindhuhn riecht so gut, dass auch ein blindes Huhn zur Schüssel findet – sagt man. Das Gericht heißt auch »Gänsefutter« oder »Buntes Huhn«.

FÜR ANFÄNGER
AUS NORDRHEIN-WESTFALEN

Eintopf mit frischen Bohnen

SOMMER-BLINDHUHN

ZUBEREITUNG: 30 Min.
GARZEIT: 45 Min.
PRO PORTION CA.: 645 kcal

FÜR 4 PERSONEN:

- 1 kg frische Dicke Bohnen (Ackerbohnen)
- 250 g durchwachsener Räucherspeck (Gelderländer Bauchspeck)
- 4 Zweige Bohnenkraut
- 500 g vorwiegend fest kochende Kartoffeln
- 250 g Möhren
- Salz
- Pfeffer, frisch gemahlen
- 350 g breite grüne Bohnen
- 3 säuerliche Äpfel (z. B. Boskop, Cox Orange)
- 1 EL Weißweinessig
- 1 TL Zucker

1. Die frischen Dicken Bohnen aus den Hülsen palen, waschen und abtropfen lassen. In einem Suppentopf mit 1 1/4 l Wasser und dem Speck aufsetzen. Das Bohnenkraut waschen, die Spitzen abzupfen und beiseite legen. Die übrigen Stängel mit Küchengarn binden und in die Brühe geben. Kartoffeln und Möhren waschen, schälen und in Stücke schneiden. Zu den Bohnen geben, mit Salz und Pfeffer würzen und alles zugedeckt bei mittlerer Hitze 15 Min. leise kochen lassen.

2. Die grünen Bohnen waschen, putzen und schräg in 1 cm breite Streifen schneiden. Zur Suppe geben und offen weitere 15 Min. sanft kochen lassen.

3. Die Äpfel waschen, schälen und vierteln. Die Kerngehäuse ausschneiden und die Äpfel zum Eintopf geben, weitere 15 Min. garen. Das Bohnenkraut entfernen, den Speck aus dem Eintopf heben und in Streifen schneiden, wieder in die Brühe geben. Den Eintopf mit Salz, Pfeffer, dem Essig und Zucker abschmecken.

GARNIEREN: mit den Bohnenkrautspitzen

VARIANTE: Für ein »**Winter-Blindhuhn**« statt Dicken Bohnen 250 g getrocknete weiße Bohnen nehmen, über Nacht einweichen, dann 1 Std. vorkochen. An Stelle des Räucherspecks wird frisch gepökelter Bauchspeck mitgekocht.

FÜR GEÜBTE
AUS DER PFALZ

Kartoffelsuppe

GRUMBEERNSUPP

ZUBEREITUNG: 45 Min.
PRO PORTION CA.: 140 kcal

FÜR 4 PERSONEN:

- 1 Zwiebel
- 1 Knoblauchzehe
- 2 Möhren
- 100 g Sellerieknolle
- 1 kleine Stange Lauch
- 1 EL Butterschmalz
- 1 1/2 l Fleischbrühe
- 3 Zweige frischer Majoran
- 2 Gewürznelken
- 1 Lorbeerblatt
- 500 g mehlig kochende Kartoffeln
- Salz
- Pfeffer, frisch gemahlen
- 1–2 EL Weißweinessig

1. Die Zwiebel und den Knoblauch schälen und klein würfeln. Möhren und Sellerie waschen, schälen und in kleine Stücke schneiden. Den Lauch putzen, längs aufschlitzen und gründlich waschen, den hellen Teil in dünne Scheiben schneiden. 1 grünes Lauchblatt beiseite legen.

2. In einem Suppentopf das Butterschmalz erhitzen und das Gemüse bei mittlerer Hitze unter Rühren etwa 5 Min. andünsten. Die Brühe angießen und erhitzen. Das Lauchblatt mit Majoranzweigen, Nelken und Lorbeerblatt mit Küchengarn zu einem Gewürzbündel verschnüren (s. Seite 71).

3. Die Kartoffeln waschen, schälen und in kleine Stücke schneiden. Mit dem Gewürzbündel in die Suppe rühren und zugedeckt 25 Min. köcheln lassen.

4. Das Gewürzbündel aus der Suppe nehmen und wegwerfen. Die Suppe mit dem Pürierstab nicht zu glatt mixen oder durch ein Passiersieb streichen. Mit Salz, Pfeffer und Essig abschmecken. Mit Zwetschgenkuchen (siehe Seite 151) servieren.

GARNIEREN: mit gehackter Petersilie bestreuen

TIPP!

Die Kartoffelsuppe nicht zu sehr pürieren, sonst wird sie klebrig-kleistrig. Wenn Sie mögen, können Sie auch noch ein wenig Sahne zugeben.

FÜR GEÜBTE
AUS SÜDHESSEN

ZUBEREITUNG: 45 Min.
GARZEIT: 2 Std.
PRO PORTION CA.: 335 kcal

FÜR 4 PERSONEN:

- 750 g Suppenfleisch mit Knochen (Rinderbrust oder Beinscheiben)
- 1 Stange Lauch
- 1 kleine Sellerieknolle mit Grün
- 1 Zweig Liebstöckel
- 1 Bund Petersilie
- 5 Pfefferkörner | 2 Pimentkörner
- 1 Lorbeerblatt
- 1 große Zwiebel | 1/2 TL Öl | Salz
- 300 g Möhren | 1 Kohlrabi
- 200 g grüne Bohnen (Brechbohnen)
- 200 g grüne Erbsen (frisch oder TK)
- 3 reife Tomaten
- Pfeffer, frisch gemahlen
- Muskatnuss, frisch gerieben

Gemüsesuppe »Quer durch den Garten«

FRANZOSESUPP

1. Das Fleisch waschen und in einen Suppentopf legen. Gut 1 1/2 l Wasser aufgießen, bei mittlerer Hitze langsam aufkochen lassen. Den Lauch putzen, 1 grünes Blatt ablösen und beiseite legen. Den Lauch längs aufschlitzen und gründlich waschen. Lauchblatt, 2 Stängel Selleriegrün, Liebstöckel und Petersilie waschen. Die Petersilienblätter abzupfen und beiseite legen. Das Lauchblatt mit Kräuterstängeln und Gewürzen zu einem Gewürzbündel verschnüren (Step 1).

2. Die Zwiebel schälen und halbieren. In einer kleinen Pfanne das Öl erhitzen und die Zwiebel auf den Schnittflächen nussbraun rösten. Wenn die Brühe aufkocht, abschäumen (Step 2) und die Zwiebel mit dem Gewürzbündel zugeben, salzen und zugedeckt bei ganz schwacher Hitze 1 1/2 Std. leise köcheln lassen.

3. Dann Sellerie, Möhren und Kohlrabi waschen, schälen und in etwa 1 cm große Würfel schneiden. Bohnen und Erbsen waschen, die Bohnen putzen und eventuell entfädeln (Step 3), in 2 cm lange Stücke schneiden.

4. Die Tomaten waschen und mit einem Schaumlöffel kurz in die Brühe halten, dann häuten und vierteln, die Strünke ausschneiden. Alles Gemüse zur Suppe geben und weitere 30–45 Min. leise köcheln lassen, bis das Gemüse gar, aber noch bissfest ist.

5. Das Fleisch und das Gewürzbündel aus der Suppe heben, das Gewürzbündel wegwerfen. Die Suppe mit Salz, Pfeffer und Muskat abschmecken. Das Fleisch in feine Streifen schneiden (Step 4), in die Suppe geben. Die Petersilienblättchen grob hacken, die Suppe damit bestreuen und servieren.

Die bunte Gemüsesuppe haben die Hessen von den benachbarten Franzosen übernommen, die das Gericht »Pot au feu« nennen. Traditionell wird das Fleisch nicht in die Suppe gegeben, sondern als Hauptgang serviert.

1. In 1 Lauchblatt Petersilienstängel, Selleriegrün, Liebstöckel, Gewürzkörner und Lorbeerblatt wickeln, mit Küchengarn verschnüren.

2. Von der kochenden Brühe den Schaum von der Oberfläche mit einem Schaumlöffel abheben, damit die Suppe nicht trübe wird.

3. Grüne Bohnen haben oft keine Fäden mehr. Wenn doch: ein Ende schräg anschneiden und die Spitzen zu den Schoten hin wegziehen.

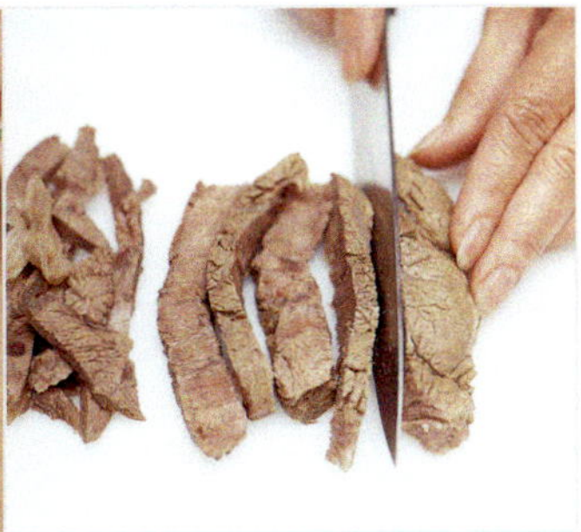

4. Das Fleisch abkühlen lassen, von Knochen, Fett, Häuten und Sehnen befreien. Quer zur Faser in dünne Scheiben, diese zu feinen Streifen schneiden.

FÜR ANFÄNGER
AUS BRANDENBURG

Soljanka

ZUBEREITUNG: 30 Min.
GARZEIT: 2 Std.
PRO PORTION CA.: 400 kcal

FÜR 4 PERSONEN:

1 Bund Suppengemüse
400 g Schweinefleisch (Nuss, Schnitzelstück)
1 Lorbeerblatt | Salz
2 Zwiebeln
50 g Salami
50 g Jagdwurst (ersatzweise Krakauer)
2 große rote Paprikaschoten
2 große Gewürzgurken
2 EL Öl
250 g Tomatenketchup
75 g Tomatenmark
1 EL Paprikapulver, edelsüß
1 TL Paprikapulver, rosenscharf
Pfeffer, frisch gemahlen
200 g saure Sahne
1 EL Mehl
2 EL Zitronensaft

1. Das Suppengemüse waschen, putzen und grob zerschneiden. In gut 1 l Wasser aufkochen lassen. Das Fleisch mit dem Lorbeerblatt einlegen, salzen und zugedeckt bei ganz schwacher Hitze in etwa 1 1/2 Std. gar ziehen lassen. Dann das Fleisch in der Brühe abkühlen lassen.

2. Die Zwiebeln schälen und hacken. Salami und Jagdwurst in schmale Streifen schneiden. Die Paprika waschen, putzen und in kleine Streifen schneiden. Die Gewürzgurken in Streifen schneiden.

3. In einem Suppentopf das Öl erhitzen. Die Zwiebeln bei schwacher Hitze in etwa 10 Min. hellgelb schmoren. Die Wurst zugeben und kurz anbraten. Paprika unterrühren, leicht anschmoren. Gewürzgurken zugeben und 1 l Brühe angießen.

4. Das Fleisch ebenfalls in Streifen schneiden und zur Suppe geben. Mit Ketchup, Tomatenmark, beiden Paprikasorten, Salz und Pfeffer würzen, zugedeckt noch etwa 20 Min. köcheln lassen.

5. Die saure Sahne mit Mehl glatt rühren, unter die Soljanka rühren und mit Zitronensaft würzig abschmecken. Heiß mit dunklem Brot servieren.

GARNIEREN: mit gehackter Petersilie

TIPP!

Die pikante Partysuppe lässt sich gut vorbereiten. Die Sahne aber erst im letzten Moment unterrühren.

FÜR GEÜBTE
AUS BADEN-WÜRTTEMBERG

Entensuppe Hohenloh'sche Art

ZUBEREITUNG: 45 Min.
GARZEIT: 2 Std.
PRO PORTION CA.: 635 kcal

FÜR 4 PERSONEN:

2 Entenkeulen
1 l Hühnerbrühe
5 g getrocknete Morcheln
50 ml Orangensaft
Salz
weißer Pfeffer, frisch gemahlen
Zucker
Muskatnuss, frisch gerieben
2 Eier
1 Prise Zimtpulver
1 EL fein gehackter Kerbel
200 g Sahne

1. Die Entenkeulen kurz waschen. Die Brühe aufkochen lassen, die Entenkeulen hineinlegen, die Brühe abschäumen (s. Seite 71) und das Fleisch zugedeckt bei schwacher Hitze etwa 2 Std. garen. Die Morcheln abspülen und mit Wasser bedeckt quellen lassen.

2. Die Entenkeulen aus der Brühe heben und das Fleisch ablösen, beiseite stellen. Die Morcheln im Einweichwasser aufkochen lassen. Morcheln herausnehmen, zur Brühe geben, Einweichwasser durch ein Filterpapier und Orangensaft dazugießen. Mit Salz, Pfeffer, 1 Prise Zucker und Muskat abschmecken.

3. Die Eier trennen. Die Eiweiße mit 1 Prise Salz und Zimt steif schlagen, den Kerbel unterziehen. In einem flachen Topf etwas Wasser erhitzen. Aus dem Eischnee mit zwei Teelöffeln kleine Klößchen abstechen und in das leise siedende Wasser setzen. Halb zugedeckt in etwa 5 Min. stocken lassen.

4. Die Eigelbe mit der Sahne verrühren und in die heiße Suppe quirlen. Das Entenfleisch in Streifen schneiden und zur Suppe geben, alles nur noch kurz erhitzen, nicht kochen lassen. Die Suppe auf Teller verteilen und mit den pikanten Schneeklößchen besetzen.

GARNIEREN: mit Kerbelblättchen

Fisch und Fleisch

Von einfach bis raffiniert

76 Bratfisch in Weinsud
76 Heringsfilets Hausfrauenart
78 Hamburger Pfannenfisch
78 Stralsunder Fischtopf
80 Miesmuscheln rheinische Art
80 Saure Muscheln
82 Gebratene Schollen mit Krabben
82 Felchen mit Pfifferlingen
85 Waller mit Kartoffelkruste in Biersauce
86 Gebackene Forellen mit Kräuterbutter
86 Forellen in Köstritzer Biersauce
88 Karpfen mit gefrorenem Meerrettich
89 Karpfen blau auf Endivie
90 Zander-Ragout
90 Zander Mecklenburger Art
92 Hecht aus dem Ofen
92 Dorsch mit Petersiliensauce
94 Salm mit Salbei
94 Lachskoteletts mit Wein-Senf-Sauce
96 Brotauflauf mit Goldbarsch
97 Altonaer Seezungenröllchen
98 Bratwurst in Biersauce
98 Bratwürste in saurer Sauce
100 Panierte Schinkenscheiben
100 Knödelchen mit Bröselbutter
102 Rostbraten in würziger Sauce
103 Pikant marinierter Spießbraten
104 Kalbsvögerl
106 Saure Kalbsnieren
106 Leberschnitten mit Äpfeln und Zwiebeln
108 Brathähnchen in Blättern
108 Gefüllte Wachteln
111 Kaninchen in Rieslingsauce mit Aprikosen-Krapfen
112 Lamm aus dem Ofen
112 Suppenfleisch mit Meerrettich
114 Wildschwein-Ragout
114 Rehschnitzel mit Apfelsinen und Hagebuttensauce
117 Spanferkel-Krustenbraten

FÜR ANFÄNGER
AUS DEM RHEINLAND

Bratfisch in Weinsud

ZUBEREITUNG: 45 Min.
MARINIERZEIT: über Nacht
PRO PORTION CA.: 410 kcal

FÜR 4 PERSONEN:

4 küchenfertige Forellen (je 175 g)
2 EL Semmelbrösel
2 EL Mehl
Salz
Pfeffer, frisch gemahlen
6 EL Öl
400 ml herber Weißwein (Riesling)
1/4 l Weißweinessig
2 TL Senfkörner
1 TL schwarze Pfefferkörner
5 Wacholderbeeren
2 Lorbeerblätter
1 EL brauner Rohrzucker
3 Zwiebeln

1. Die Forellen unter kaltem Wasser waschen, mit Küchenpapier trockentupfen, Köpfe und Flossen entfernen. Die Semmelbrösel durch ein feines Sieb reiben, mit Mehl, etwa 1 TL Salz und gemahlenem Pfeffer mischen. Die Forellen in der Bröselmischung wenden, die Panade gut andrücken.

2. In einer großen Pfanne das Öl erhitzen. Die Forellen bei mittlerer Hitze (das Öl darf nur leise brutzeln) etwa 10 Min. pro Seite braten. Forellen auf Küchenpapier entfetten, in eine längliche Schale legen.

3. In einem Topf den Wein mit Essig, 1/4 l Wasser, Gewürzen (die Wacholderbeeren etwas zerdrücken), Salz und Zucker aufkochen, 5 Min. offen leise köcheln lassen. Die Zwiebeln schälen und in dünne Ringe schneiden, in den Weinsud geben und alles noch 10 Min. garen.

4. Die Zwiebelringe herausfischen, über den Fischen verteilen, den Sud abschmecken und abkühlen lassen. Über die Fische gießen, die Schale zudecken und die Bratfische über Nacht im Kühlschrank ziehen lassen. Mit heißen Pellkartoffeln servieren.

GARNIEREN: mit gehackter Petersilie

GETRÄNK: trockener Weißwein, z. B. Riesling von der Mosel

VARIANTE: Auf Berliner Art werden Heringe statt Forellen gebraten; der Sud wird mit Korianderkörnern gewürzt, und zum Schluss kommt noch eine in Scheiben geschnittene Salzgurke dazu.

FÜR ANFÄNGER
AUS HESSEN

Heringsfilets Hausfrauenart

ZUBEREITUNG: 30 Min.
MARINIERZEIT: 1 Std.
PRO PORTION CA.: 355 kcal

FÜR 4 PERSONEN:

250 g Heringsfilets in Öl
2 weiße Zwiebeln
2 säuerliche Äpfel (z. B. Royal Gala)
2 große Gewürzgurken
500 g saure Sahne
2 EL Mayonnaise
2 TL scharfer Senf
Salz
Pfeffer, frisch gemahlen
1 Bund Dill

1. Die Heringsfilets abtropfen lassen und in etwa 1 cm breite Streifen schneiden. Die Zwiebeln schälen und in feine Streifen schneiden. Die Äpfel schälen und vierteln, von den Kerngehäusen befreien und in feine Spalten schneiden. Die Gurken klein würfeln.

2. Heringe mit Zwiebeln, Äpfeln und Gurken mischen, saure Sahne und Mayonnaise mischen und unterrühren. Mit Senf, Salz und Pfeffer würzen. Den Dill waschen und trockenschwenken. Einige Dillspitzen beiseite legen, die restlichen fein schneiden und unter die Heringe rühren. Zugedeckt etwa 1 Std. kühl stellen.

3. Die Heringsfilets noch einmal abschmecken und kalt mit heißen Pellkartoffeln oder dunklem Brot servieren.

GARNIEREN: mit den Dillspitzen

GETRÄNK: trockener Weißwein, z. B. Riesling von der Hessischen Bergstraße

VARIANTEN: Wenn Sie Kalorien sparen möchten, können Sie halb saure Sahne und halb Magerjoghurt nehmen.

In Südhessen kommen oft noch 2 hart gekochte, gehackte Eier unter die Sauce.

TIPP!

Wenn Sie Salzheringe bekommen, müssen diese über Nacht zum Entsalzen in kaltes Wasser gelegt werden. 1 Schuss Essig im Wasser lässt die Gräten weich werden.

Der Pfannenfisch diente der Resteverwertung von gekochtem Fisch, der in Stücke zerpflückt und mit Pellkartoffelscheiben gebraten wurde.

FÜR ANFÄNGER
AUS NORDDEUTSCHLAND

GARZEIT: 30 Min.
ABKÜHLZEIT: 1 Std.
ZUBEREITUNG: 30 Min.
PRO PORTION CA.: 380 kcal

FÜR 4 PERSONEN:

750 g fest kochende Kartoffeln
Salz
500 g Fischfilets (Seelachs oder Rotbarsch)
1 EL Zitronensaft
75 g durchwachsener Speck (Frühstücksspeck)
2 EL Öl
2 EL Mehl
1/4 l Fischfond (aus dem Glas) oder Gemüsebrühe
2 EL mittelscharfer Senf
weißer Pfeffer, frisch gemahlen
1 große Salzgurke

Hamburger Pfannenfisch

PANNEFISCH

1. Die Kartoffeln waschen, ungeschält in kaltem Salzwasser aufsetzen und zugedeckt etwa 30 Min. kochen. Abgießen und ausdampfen lassen, dann etwa 1 Std. abkühlen lassen.

2. Die Fischfilets mit Küchenpapier trockentupfen, in etwa 3 cm große Stücke schneiden, dabei eventuelle Gräten entfernen. Die Fischstücke mit Zitronensaft beträufeln und salzen.

3. Die Kartoffeln pellen und in Scheiben schneiden. Den Speck in Streifen schneiden. In einer Pfanne das Öl erhitzen, den Speck darin bei mittlerer Hitze in etwa 7 Min. knusprig braten. Die Kartoffeln zugeben und etwa 5 Min. braten, dann wenden und weiterbraten, bis sie rundum leicht gebräunt sind.

4. Die Fischstücke in Mehl wenden, zu den Kartoffeln geben und anbraten, dabei Fisch und Kartoffeln ab und zu wenden. Fischfond oder Brühe mit Senf verquirlen, in die Pfanne gießen und kurz erhitzen, bis die Flüssigkeit fast aufgesogen ist. Mit Salz und Pfeffer abschmecken. Die Salzgurke klein würfeln und untermischen. Heiß mit Toastdreiecken servieren.

GARNIEREN: mit Schnittlauchröllchen

GETRÄNK: trockener Weißwein, z. B. ein Riesling von der Nahe

FÜR ANFÄNGER
AUS MECKLENBURG

ZUBEREITUNG: 30 Min.
GARZEIT: 30 Min.
PRO PORTION CA.: 455 kcal

FÜR 4 PERSONEN:

500 g Fischfilets (Seelachs oder Rotbarsch)
2 EL Zitronensaft
Salz
Pfeffer, frisch gemahlen
1 Msp. Paprikapulver, rosenscharf
500 g vorwiegend fest kochende Kartoffeln
1 Salatgurke
2 Zwiebeln
1 Knoblauchzehe
50 g Butter
1 EL Tomatenmark
300 ml Gemüsebrühe
200 g Sahne
3 EL fein geschnittener Dill
1 EL mittelscharfer Senf

Stralsunder Fischertopf

1. Die Fischfilets mit Küchenpapier trockentupfen und in große Stücke teilen, dabei eventuelle Gräten entfernen. Die Stücke mit Zitronensaft beträufeln, salzen, pfeffern und mit Paprikapulver bestreuen. Zugedeckt bis zum Braten kühl stellen.

2. Die Kartoffeln schälen und klein würfeln. Die Gurke schälen und längs halbieren, die Kerne mit einem Löffel auskratzen und das Gurkenfleisch würfeln. Zwiebeln und Knoblauch schälen, die Zwiebeln grob hacken.

3. In einem breiten Topf die Butter zerlassen. Zwiebeln und Kartoffeln bei mittlerer Hitze etwa 10 Min. andünsten, ohne dass sie Farbe annehmen. Tomatenmark und Gurkenwürfel einrühren, kurz andünsten. Den Knoblauch dazupressen und die Brühe angießen. Aufkochen und zugedeckt 10 Min. köcheln lassen.

4. Die Fischstücke einlegen und bei schwacher Hitze in 5 Min. gar ziehen lassen. Die Sahne mit Dill und Senf verrühren, untermischen und nur kurz heiß werden lassen. Die Sauce mit Salz und Pfeffer abschmecken. Dazu werden traditionell Salzkartoffeln gereicht.

GARNIEREN: mit Dillzweigen

GETRÄNK: nicht zu herber Weißwein, z. B. ein Kerner aus Sachsen

Da der Rhein immer ein wichtiger Handelsweg war, ist es nicht verwunderlich, dass Muscheln aus der Nordsee zu einem Lieblingsgericht der Rheinländer wurden.

Miesmuscheln rheinische Art

FÜR ANFÄNGER
AUS DEM RHEINLAND

ZUBEREITUNG: 45 Min.
PRO PORTION CA.: 120 kcal

FÜR 4 PERSONEN:

- 2 kg Miesmuscheln
- 2 Zwiebeln
- 1 Bund Suppengemüse
- $^{1}/_{2}$ Bund Petersilie
- $^{1}/_{4}$ l trockener Weißwein
- 1 Lorbeerblatt
- 5 Wacholderbeeren
- 2 Gewürznelken
- Salz
- schwarzer Pfeffer, frisch gemahlen

1. Die Muscheln in kaltem Wasser mit einer Bürste säubern, dabei beschädigte und geöffnete, die sich auch beim Antippen nicht schließen, wegwerfen. Harte Fäden von den Muscheln entfernen. Die Muscheln in ein Sieb geben und abtropfen lassen.

2. Die Zwiebeln schälen und in dünne Ringe schneiden. Das Suppengemüse waschen, putzen und klein würfeln. Die Petersilie waschen, trockenschütteln und die Blättchen grob hacken.

3. In einem großen, breiten Topf den Wein mit 100 ml Wasser, Zwiebeln, Gemüse, Lorbeer, Wacholderbeeren und Nelken aufkochen, offen etwa 10 Min. kräftig kochen lassen. Die Muscheln in den Sud geben, nur wenig salzen, aber kräftig pfeffern. Bei starker Hitze zugedeckt etwa 5 Min. kochen, dabei den Topf ab und zu schütteln.

4. Wenn sich die Muscheln geöffnet haben, mit einem Schaumlöffel auf tiefe Teller verteilen (geschlossene Muscheln aussortieren, sie können verdorben sein). Den Kochsud vorsichtig ohne den sandigen Bodensatz darüber verteilen. Frisches dunkles Brot und Butter dazu servieren.

GARNIEREN: mit Petersilienzweigen

GETRÄNK: trockener Weißwein, z. B. ein Riesling von der Terrassenmosel

Saure Muscheln

FÜR ANFÄNGER
AUS FRIESLAND

ZUBEREITUNG: 30 Min.
ABKÜHLZEIT: 1 Std.
PRO PORTION CA.: 55 kcal

FÜR 4 PERSONEN:

- 2 kg möglichst große Miesmuscheln
- 125 ml milder Weißweinessig
- 2 Lorbeerblätter
- 1 EL schwarze Pfefferkörner
- 1 TL brauner Kandiszucker
- 3 milde weiße Zwiebeln
- 1 Bund Petersilie

1. Die Muscheln waschen und putzen wie im Rezept oben. In einem Sieb abtropfen lassen. In einem großen Topf gut 100 ml Wasser aufkochen lassen, die Muscheln darin zugedeckt bei starker Hitze etwa 5 Min. garen, bis sie sich geöffnet haben.

2. Die Muscheln aus dem Topf heben, geschlossene Muscheln wegwerfen, die übrigen in ein Sieb geben. Den Muschelsud durch eine Kaffeefiltertüte oder ein Tuch gießen, um den Sand zu entfernen. Den Sud mit Essig, Lorbeerblättern, Pfefferkörnern und Kandiszucker aufkochen lassen, bis sich der Zucker aufgelöst hat. Dann den Topf vom Herd nehmen.

3. Das Muschelfleisch aus den Schalen lösen und in eine Schüssel geben. Mit dem Essig-Gewürzsud übergießen und auf Zimmertemperatur abkühlen lassen, dabei ab und zu vorsichtig durchmischen.

4. Zum Servieren die Zwiebeln schälen und in dünne Scheiben schneiden, zu Ringen aufblättern. Die Petersilie waschen, trockenschütteln und die Blättchen grob hacken. Die Zwiebeln und die Petersilie über die Muscheln streuen. Mit dunklem Brot oder – auf friesische Art – mit Bratkartoffeln servieren.

GETRÄNK: frisches Bier, z. B. ein herbes friesisches Pils

TIPP!

Wenn Sie keine milden Zwiebeln bekommen, können Sie auch Frühlingszwiebeln in feine Scheiben schneiden und über die Muscheln streuen.

Am Bodensee wird der forellenähnliche Fisch Felche genannt, in Bayern heißt er Renke und wird meist im Ganzen gebraten.

FÜR ANFÄNGER
AUS HAMBURG

ZUBEREITUNG: 35 Min.
PRO PORTION CA.: 350 kcal

FÜR 2 PERSONEN:

- 2 küchenfertige Schollen (je 250 g)
- 2 EL Zitronensaft
- Salz
- weißer Pfeffer, frisch gemahlen
- 2 EL Mehl
- 2 EL Butter
- 1 EL Öl
- 100 g geschälte Nordseekrabben
- 1 EL gehackte Petersilie

Gebratene Schollen mit Krabben

1. Die Schollen unter fließendem kaltem Wasser kurz waschen, mit Küchenpapier trockentupfen und mit 1 EL Zitronensaft beträufeln. Etwa 5 Min. ziehen lassen. Den Backofen auf 50° vorheizen und die Teller darin anwärmen.

2. Die Schollen mit Salz und Pfeffer würzen. Das Mehl auf einen flachen Teller streuen und die Schollen auf beiden Seiten im Mehl wenden, überschüssiges Mehl abklopfen.

3. In einer Pfanne die Butter und das Öl erhitzen, die Schollen darin nacheinander bei mittlerer Hitze auf jeder Seite in 5–6 Min. braun und knusprig braten. Fertig gebratene aus der Pfanne heben und im Ofen auf den Tellern warm halten.

4. Das Fett aus der Pfanne gießen, die Krabben in der Pfanne in etwa 3 Min. heiß werden lassen, leicht salzen und pfeffern, mit dem restlichen Zitronensaft beträufeln und über die Schollen verteilen. Mit Petersilie bestreuen und servieren.

GARNIEREN: mit Zitronenachteln

GETRÄNK: nicht zu säurereicher Weißwein, z. B. Chardonnay aus der Pfalz

VARIANTE: Für **Speckschollen** 75 g durchwachsenen Speck klein würfeln und in der Pfanne ausbraten, die Speckwürfel aus der Pfanne heben und im Speckfett die Schollen braten. Mit den Speckwürfeln bestreut servieren.

FÜR GEÜBTE
AUS BADEN

ZUBEREITUNG: 45 Min.
PRO PORTION CA.: 60 kcal

FÜR 4 PERSONEN:

- 350 g kleine Pfifferlinge
- 8 küchenfertige Felchenfilets (je 75 g), ersatzweise Forellenfilets
- Salz
- Pfeffer, frisch gemahlen
- 2 EL Mehl
- 3 EL Butter
- 1 EL Öl
- 1 EL Zitronensaft

Für die Sauce:

- 1/2 l Weißwein
- 140 g kalte Butter

Felchen mit Pfifferlingen in Weinsauce

1. Die trockenen Pfifferlinge mit einem Pinsel säubern, Stielenden abschneiden. Die Pilze beiseite stellen. Den Backofen auf 50° vorheizen, Teller darin erwärmen.

2. Die Felchenfilets mit Küchenpapier trockentupfen, die Gräten mit einem spitzen Messer oder einer Pinzette entfernen. Die Filets salzen und pfeffern, in Mehl wenden. In einer Pfanne die Butter mit dem Öl erhitzen und die Filets darin bei mittlerer Hitze etwa 3 Min. pro Seite braten. Aus der Pfanne heben und im Ofen warm halten.

3. Die Pfifferlinge bei stärkerer Hitze in dem verbliebenen Fett braten, bis der austretende Pilzsaft gerade verdampft ist. Die Pilze mit Salz und Zitronensaft würzen, ebenfalls warm halten.

4. Für die Sauce den Wein bei starker Hitze auf die Hälfte einkochen lassen. Die kalte Butter in kleinen Stücken mit einem Schneebesen kräftig in den Wein schlagen, die Sauce mit Salz und Pfeffer würzen. Die Felchenfilets auf den vorgewärmten Tellern anrichten, die Sauce angießen und mit den Pilzen bestreuen.

GARNIEREN: mit Zitronenachteln

GETRÄNK: fruchtiger Weißwein, z. B. trockener Grauburgunder aus Baden

Das helle, würzige, grätenlose Fleisch des Wallers (Wels) wird in Süddeutschland sehr geschätzt.

Waller mit Kartoffelkruste in Biersauce

FÜR KÖNNER
AUS BAYERN

ZUBEREITUNG: 1 Std.
PRO PORTION CA.: 540 kcal

FÜR 4 PERSONEN:

200 g mehlig kochende Kartoffeln
Salz
1 kleine Zwiebel
1 Knoblauchzehe
300 ml helles Bier (Weißbier)
1 EL heller Kräuterlikör (z. B. Ettaler Klosterlikör), nach Belieben
5 cm dunkle Brotrinde
1 kleines Lorbeerblatt
45 g Butter
1 Ei (Größe M)
Pfeffer, frisch gemahlen
Muskatnuss, frisch gerieben
600 g Wallerfilet (Welsfilet)
2 TL Zitronensaft
100 g Sahne
Fett für das Backblech

1. Die Kartoffeln waschen, ungeschält in Salzwasser etwa 30 Min. garen, abgießen und ausdampfen lassen. Kartoffeln pellen und durch die Kartoffelpresse in eine Schüssel drücken, abkühlen lassen.

2. Für den Bierschaum die Zwiebel und den Knoblauch schälen. Zwiebel hacken und mit Knoblauch, Bier, Likör, Brotrinde und Lorbeerblatt in einen Topf geben, langsam aufkochen und bei mittlerer Hitze offen auf die Hälfte einkochen lassen.

3. Den Backofen auf 200° (Umluft: 180°) vorheizen. Etwa 25 g Butter bei schwacher Hitze zerlassen, zum Kartoffelpüree gießen. Das Ei trennen, das Eigelb unter das Püree rühren. Das Eiweiß mit 1 Prise Salz nicht zu steif schlagen, unter die Masse heben (Step 1) und alles mit Salz, Pfeffer und Muskat würzen.

4. Ein Backblech fetten. Die Wallerfilets in handtellergroße Stücke teilen, mit Küchenpapier abtupfen und mit Zitronensaft, Salz und Pfeffer würzen, auf das Backblech legen. Die Kartoffelmasse auf die Filets streichen und mit einem Teelöffel ein Schuppenmuster eindrücken (Step 2). Die Filets im Ofen (oben) etwa 20 Min. backen, bis die Püreespitzen leicht gebräunt sind.

5. Den Biersud durch ein feines Sieb gießen, die Rückstände nur leicht ausdrücken. Die Sahne zugießen und die Sauce ein wenig einkochen lassen. Die restliche Butter (etwa 20 g) in kleinen Stücken mit dem Pürierstab untermixen. Die Sauce mit Salz und Pfeffer würzen.

6. Die Wallerfilets anrichten. Die Sauce mit dem Pürierstab aufschlagen (Step 3), um die Filets gießen, sofort servieren.

GETRÄNK: frisches Weißbier oder ein kräftiger Weißwein (Riesling Spätlese trocken aus Franken)

1. Das nicht zu steif geschlagene Eiweiß mit einer Gabel locker unter das Kartoffelpüree mischen.

2. In das Püree mit einer Teelöffelspitze kleine, schuppenartige Vertiefungen eindrücken.

3. Damit die Sauce schön schaumig wird, im letzten Augenblick mit einem Pürierstab aufmixen.

Neben Hecht, Karpfen und Schlei schätzt man in Brandenburg vor allem die Forellen.

FÜR ANFÄNGER
AUS BRANDENBURG

ZUBEREITUNG: 35 Min.
PRO PORTION CA.: 430 kcal

FÜR 4 PERSONEN:

4 küchenfertige Forellen (je 250 g)
2 TL Zitronensaft
Salz
Pfeffer, frisch gemahlen
3 EL Öl
1 Bund Dill
1/2 Bund Petersilie
1 Zwiebel
2 Knoblauchzehen
125 g Butter
Mehl zum Wenden

Gebackene Forellen mit Kräuterbutter

1. Den Backofen auf 200° (Umluft: 180°) vorheizen. Die Forellen unter fließendem kaltem Wasser gründlich waschen, mit Küchenpapier trockentupfen und mit Zitronensaft einreiben. Innen und außen salzen und pfeffern.

2. In einer großen Pfanne das Öl erhitzen. Die Forellen in Mehl wenden, überschüssiges Mehl abklopfen. Die Forellen im Öl bei mittlerer bis starker Hitze auf beiden Seiten jeweils etwa 5 Min. braten. Auf ein Backblech heben und im Ofen (Mitte) in etwa 10 Min. fertig braten.

3. Für die Kräuterbutter die Kräuter waschen, trockenschwenken und die Blättchen fein hacken. Die Zwiebel und den Knoblauch schälen und winzig klein würfeln. In einem Topf 2 EL Butter erhitzen, Zwiebel und Knoblauch darin bei schwacher Hitze hellgelb andünsten. Die übrige Butter zugeben und aufschäumen lassen. Die Kräuter untermischen, salzen und pfeffern.

4. Die Fische auf Tellern anrichten, mit der heißen Butter übergießen. Mit Salzkartoffeln und Kartoffelsalat servieren. Die gebackene Forelle sehen Sie auf dem Bild rechts.

GARNIEREN: mit Zitronenscheiben

GETRÄNK: würzig-frischer Weißwein, z. B. Silvaner aus Franken

FÜR GEÜBTE
AUS BRANDENBURG

ZUBEREITUNG: 45 Min.
PRO PORTION CA.: 355 kcal

FÜR 4 PERSONEN:

60 g roher Schinkenspeck ohne Schwarte
2 Schalotten
3 EL Butter
2 EL Mehl
1/2 l dunkles Bier (Köstritzer Schwarzbier)
4 küchenfertige Forellen (je 250 g)
Salz
1 EL Weißweinessig
1 Lorbeerblatt
1 TL Zucker
1 Msp. Nelkenpulver
Pfeffer, frisch gemahlen

Forellen in Köstritzer Biersauce

1. Für die Biersauce den Schinkenspeck in sehr kleine Würfel schneiden. Die Schalotten schälen und fein würfeln. In einem breiten Topf die Butter zerlassen und aufschäumen lassen. Schalotten und Mehl einrühren und bei mittlerer Hitze unter Rühren nussbraun rösten. Den Speck dazugeben und kurz andünsten. Das Bier langsam aufgießen und unter Rühren aufkochen lassen. Die Sauce offen bei schwacher Hitze um ein Drittel einköcheln lassen. Backofen auf 75° anheizen, Teller darin vorwärmen.

2. Die Forellen unter fließendem kaltem Wasser waschen. In einem Fischkochtopf 2 l Wasser mit Salz, Essig und Lorbeerblatt aufkochen lassen. Die Forellen in den Sud legen und den Topf vom Herd nehmen. Die Fische zugedeckt in 15 Min. gar ziehen lassen.

3. Die Forellen aus dem Sud heben und häuten. Die Filets ablösen und auf den vorgewärmten Tellern anrichten. Die Biersauce mit Zucker, Nelkenpulver, Salz und Pfeffer abschmecken. Über die Forellenfilets gießen und mit Salzkartoffeln servieren. Auf dem Bild links sehen Sie das fertige Gericht.

GARNIEREN: mit gehackter Petersilie

GETRÄNK: dunkles Bier, wie es zum Kochen verwendet wurde

TIPP!
Wenn Sie kein Schwarzbier bekommen, können Sie auch halb Malztrunk (»Malzbier«) und halb Pils für die Sauce nehmen.

FÜR GEÜBTE
AUS DER PFALZ

ZUBEREITUNG: 45 Min.
GEFRIERZEIT: 2 Std.
GARZEIT: 25 Min.
PRO PORTION CA.: 385 kcal

FÜR 4 PERSONEN:

100 g frische Meerrettichwurzel
2 EL Zitronensaft
Salz
2 frische Eigelbe
75 g dicke Sahne (Crème double)
1 küchenfertiger Karpfen (etwa $1^1/_2$ kg), vom Fischhändler in Stücke teilen lassen
1 Bund Suppengemüse
1 Lorbeerblatt
1 TL schwarze Pfefferkörner
1 TL Senfkörner
2 Gewürznelken

Karpfen mit gefrorenem Meerrettich

1. Den Meerrettich schälen und fein reiben (oder im Blitzhacker fein pürieren), mit ein wenig Zitronensaft und Salz mischen. Die Eigelbe mit dem Schneebesen dickschaumig schlagen. Den Meerrettich und die Sahne unterrühren. Die Meerrettichsahne in 4 Förmchen oder Mokkatassen füllen und im Tiefkühlgerät in 1–2 Std. halbfest gefrieren lassen.

2. Die Karpfenstücke unter fließendem kaltem Wasser waschen. Das Suppengemüse waschen, putzen und in dünne Streifen schneiden. In einem großen Topf reichlich Wasser mit dem Suppengemüse und den Gewürzen aufkochen lassen, den restlichen Zitronensaft zugeben, salzen und die Karpfenstücke einlegen. Zugedeckt bei ganz schwacher Hitze in etwa 25 Min. gar ziehen lassen, der Sud darf dabei nicht kochen.

3. Die Karpfenstücke mit einem Schaumlöffel auf Teller heben. Etwas von den Gemüsestreifen darüber verteilen. Den gefrorenen Meerrettich daneben auf die Teller stürzen (das geht am einfachsten, wenn die Förmchen kurz in heißes Wasser gehalten werden). Mit Salzkartoffeln servieren.

GARNIEREN: mit Tomatenrosen: Tomaten mit scharfem Messer wie Äpfel schälen, die Schalen zu Rosen drehen

GETRÄNK: Zu diesem uralten Rezept passt ein gehaltvoller Riesling, z. B. »Großes Gewächs« aus der Pfalz

Karpfen blau auf Endivie

FÜR ANFÄNGER
AUS DEM SPREEWALD

1. Den Karpfen unter fließendem Wasser waschen, vorsichtig, damit die Schleimschicht auf der Haut nicht abgespült wird. Den Wein mit Essig aufkochen lassen, den Karpfen damit übergießen, so dass er sich blau verfärbt. Den Sud aufheben.

2. Den Backofen auf 175° vorheizen. Die Endivienblätter ablösen, waschen und in kochendem Salzwasser 1 Min. überbrühen. In kaltem Wasser abschrecken, abtropfen lassen und in schmale Streifen schneiden. In einen passenden Bräter geben. Die Zwiebeln schälen und in Streifen schneiden. Die Butter zerlassen und die Zwiebeln hellgelb andünsten, unter die Endivienstreifen mischen.

3. Den Karpfen innen mit Salz und Pfeffer würzen, auf die Endivienstreifen setzen, den Weinsud angießen. Den Bräter zugedeckt in den Ofen (Mitte, Umluft: 160°) stellen und den Fisch etwa 40 Min. garen.

4. Für die Meerrettichsahne den Meerrettich schälen und fein reiben (oder im Blitzhacker fein pürieren). Die Sahne mit 1 Prise Salz steif schlagen. Den Meerrettich unterheben, zugedeckt in den Kühlschrank stellen.

5. Den Karpfen aus dem Topf heben und auf einer Platte anrichten. Mit den Endivienstreifen umlegen, die Meerrettichsahne extra servieren.

GARNIEREN: mit gehackter Petersilie bestreuen, Zitronenachtel dazulegen

GETRÄNK: trockener oder halbtrockener Weißwein (Weißburgunder)

ZUBEREITUNG: 30 Min.
GARZEIT: 40 Min.
PRO PORTION CA.: 535 kcal

FÜR 4 PERSONEN:

1 küchenfertiger Karpfen ($1^1/_2$ kg)
$^1/_4$ l Weißwein
2 EL Essig
1 Endiviensalat
Salz
2 Zwiebeln
2 EL Butter
Pfeffer, frisch gemahlen
75 g Meerrettichwurzel
250 g Sahne

Das feste weiße Fleisch des Zanders erinnert an Hecht, hat aber nicht dessen unangenehme Gabelgräten.

FÜR GEÜBTE
AUS FRANKEN

Zander-Ragout

ZUBEREITUNG: 30 Min.
GARZEIT: 25 Min.
PRO PORTION CA.: 325 kcal

FÜR 4 PERSONEN:

- 500 g Zanderfilet ohne Haut
- 1 EL Zitronensaft
- 200 g Zucchini
- 200 g Möhren
- 150 g Sellerieknolle (geputzt)
- 50 g Butter
- 200 ml Fischfond (aus dem Glas)
- 100 ml Weißwein (ersatzweise Fischfond)
- 100 g Sahne
- Salz | Pfeffer, frisch gemahlen
- 1 TL Thymianblättchen
- Mehl zum Bestäuben

1. Das Zanderfilet mit Küchenpapier trockentupfen, in etwa 4 cm große Stücke teilen, mit 1/2 EL Zitronensaft beträufeln, zugedeckt kalt stellen. Backofen mit einer Servierplatte auf 50° vorheizen.

2. Das Gemüse waschen, und, wo nötig, schälen. Aus dem Gemüse mit einem kleinen Kugelausstecher Perlen ausstechen (die Reste für eine Suppe verwenden). In einer Schmorpfanne 25 g Butter zerlassen. Die Gemüseperlen bei mittlerer Hitze etwa 7 Min. andünsten, aber nicht bräunen. Fischfond, Wein und Sahne angießen, mit Salz und Pfeffer würzen. Gemüse zugedeckt bei schwacher Hitze in 7–10 Min. bissfest garen.

3. Den Fisch leicht salzen und pfeffern, hauchdünn mit Mehl bestäuben und in die Sauce legen. Zugedeckt 7 Min. garen, zwischendurch einmal umdrehen.

4. Die Fischfilets und die Gemüseperlen mit einem Schaumlöffel auf die Platte heben, im Ofen warm stellen. Die Sauce mit 1/2 EL Zitronensaft, Thymian, Salz und Pfeffer abschmecken. Die restliche Butter mit einem Schneebesen unterschlagen, die Sauce über Fisch und Gemüse gießen und servieren. Dazu passen Bandnudeln.

GETRÄNK: kräftiger Weißwein, z. B. Würzburger Stein Riesling Spätlese trocken aus Franken

FÜR ANFÄNGER
AUS MECKLENBURG

Zander Mecklenburger Art

ZUBEREITUNG: 35 Min.
PRO PORTION CA.: 290 kcal

FÜR 4 PERSONEN:

- 4 Zanderfilets (je 150 g)
- Salz | Pfeffer, frisch gemahlen
- 1 Eiweiß
- 2 EL Butter
- 1 EL Öl
- Mehl und Semmelbrösel zum Wenden

Für die Sauce:

- 2 EL Butter
- 2 EL Mehl
- 400 ml Fischfond (aus dem Glas)
- 1 Eigelb
- 3 EL Sahne
- 1 EL Kapern
- Salz | Pfeffer, frisch gemahlen
- 1 EL Zitronensaft

1. Die Zanderfilets mit Küchenpapier trockentupfen, mit Salz und Pfeffer würzen, zugedeckt kalt stellen.

2. Für die Sauce die Butter aufschäumen lassen, das Mehl darin hellgelb andünsten. Den Topf vom Herd nehmen und kurz abkühlen lassen. Den Fischfond zugießen, Topf wieder auf den Herd stellen und den Fond unter ständigem Rühren aufkochen lassen. Bei schwacher Hitze 10 Min. ziehen lassen, ab und zu umrühren.

3. Das Eiweiß in einem Teller leicht schaumig schlagen, in extra Tellern Mehl und Semmelbrösel bereit stellen. In einer Pfanne die Butter mit dem Öl erhitzen. Die Zanderfilets im Mehl wenden, überschüssiges Mehl abklopfen. Dann im Eiweiß, zuletzt in den Semmelbröseln wenden. Im heißen Fett auf jeder Seite in etwa 5 Min. goldbraun braten.

4. Das Eigelb mit der Sahne verquirlen, in die heiße, aber nicht kochende Sauce rühren. Die Kapern zugeben und die Sauce mit Salz, Pfeffer und Zitronensaft abschmecken. Zanderfilets anrichten, die Sauce extra dazureichen. Als Beilage passen kleine, in heißer Butter und Petersilie geschwenkte Kartoffeln.

GETRÄNK: nicht zu säurereicher Weißwein, z. B. eine Kerner Spätlese

Hecht ist ein sehr schmackhafter Fisch mit festem weißen Fleisch. Der kleine Kabeljau aus der Ostsee wird Dorsch genannt und sollte wegen seines zarten Fleisches sanft behandelt werden.

Hecht aus dem Ofen

PÄLZER HECHT

FÜR ANFÄNGER
AUS DER PFALZ

ZUBEREITUNG: 30 Min.
GARZEIT: 30 Min.
PRO PORTION CA.: 295 kcal

FÜR 4 PERSONEN:

1 kg Hecht (Schwanzstück), ersatzweise Schellfisch oder Kabeljau
Salz
weißer Pfeffer, frisch gemahlen
3 EL Zitronensaft
2 Zwiebeln
1/2 Bund Petersilie
1/2 Bund Schnittlauch
3 Zitronenscheiben
1/4 l Weißwein (Riesling; ersatzweise Fischfond)
200 g Fischfond (aus dem Glas)
3 EL Butter
1 EL Kapern
2 Sardellenfilets (in Salzlake)
1 Eigelb
50 g Sahne

1. Den Hecht innen und außen waschen, eventuell die Rückenflosse mit einer Schere abschneiden. Die Bauchhöhle mit Salz, Pfeffer und etwas Zitronensaft würzen. Den Backofen auf 200° (Umluft: 180°) vorheizen.

2. Die Zwiebeln schälen und in dünne Ringe schneiden. Einen länglichen Bräter damit auslegen. Die Petersilie und den Schnittlauch waschen, die Petersilienblättchen abzupfen und beiseite legen. Petersilienstängel und Schnittlauch grob zerschneiden, auf die Zwiebeln legen, die Zitronenscheiben obenauf. Den Fisch mit dem Rücken nach oben auf dieses Bett setzen, Wein und Fischfond angießen, alles salzen und pfeffern. 1 Stück Pergamentpapier mit 1 EL Butter bestreichen und auf den Rücken des Fisches legen. Den Fisch offen im Ofen (Mitte) 25–30 Min. garen.

3. Die Kapern und die Sardellen abspülen und sehr fein hacken. Mit 2 EL Butter mischen. Den Hecht vorsichtig auf eine Platte heben, im abgeschalteten Ofen warm halten. Den Sud durch ein Sieb gießen und bei starker Hitze etwa 5 Min. einkochen lassen. Die angemachte Butter mit dem Schneebesen kräftig einschlagen. Das Eigelb mit Sahne verrühren und unter den Sud quirlen. Vorsichtig erhitzen, bis die Sauce bindet. Abschmecken und über den Fisch gießen. Mit Salzkartoffeln servieren.

GARNIEREN: mit den Petersilienblättchen bestreuen

GETRÄNK: herber Weißwein, z. B. Pfälzer Riesling Kabinett trocken

Dorsch mit Petersiliensauce

FÜR GEÜBTE
VON DER INSEL RÜGEN

ZUBEREITUNG: 45 Min.
PRO PORTION CA.: 330 kcal

FÜR 4 PERSONEN:

4 große Dorschkoteletts (je 200 g) oder Kabeljaukoteletts
2 TL Zitronensaft
Salz
weißer Pfeffer, frisch gemahlen
1 Zwiebel
3 Petersilienwurzeln
1 Bund Petersilie
2 Frühlingszwiebeln
2 EL Butter
2 TL Mehl
150 g Sahne
50 ml Weißwein (ersatzweise Fischfond)
Zucker

1. Die Dorschkoteletts mit Küchenpapier trockentupfen, mit Zitronensaft beträufeln, salzen und pfeffern. Die Zwiebel schälen und in dünne Ringe schneiden. Petersilienwurzeln waschen, schälen, 2 in feine Streifen schneiden.

2. In einem breiten Topf, in dem die Fischkoteletts nebeneinander Platz haben, etwa 3/4 l Wasser mit Zwiebel und Petersilienwurzeln aufkochen lassen, salzen und 5 Min. kochen lassen. Den Dorsch in den Sud legen, bis knapp unter den Siedepunkt erhitzen, den Topf vom Herd nehmen und den Fisch in etwa 10 Min. gar ziehen lassen.

3. Die Petersilie waschen, trockenschütteln und die Blättchen hacken. Die Frühlingszwiebeln waschen, putzen und samt Grün klein schneiden. 1 Petersilienwurzel winzig klein würfeln. Die Butter zerlassen, Frühlingszwiebeln und Petersilienwurzel darin bei mittlerer Hitze andünsten. Mehl darüber streuen, durchrühren und 75 ml Fischbrühe, die Sahne und den Wein angießen, aufkochen lassen. Gehackte Petersilie zugeben und alles mit dem Pürierstab zu einer cremig-grünen Sauce mixen. Mit Salz, Pfeffer und 1 Prise Zucker abschmecken.

4. Dorsch aus dem Sud heben, auf Tellern anrichten und mit der Sauce übergießen. Mit Salzkartoffeln servieren.

GETRÄNK: herber leichter Weißwein, z. B. Riesling von der Mosel

Auch in Deutschland fängt man noch Lachs; der Rheinsalm wird besonders geschätzt. Der echte »Krusenmoster« besteht aus heißer Butter mit Senf (»Moster«), wobei sich der Senf darin kräuselt und bröselig wird.

FÜR GEÜBTE
AUS DER PFALZ

Salm mit Salbei

RUHEZEIT: 30 Min.
ZUBEREITUNG: 45 Min.
PRO PORTION CA.: 660 kcal

FÜR 4 PERSONEN:

4 Lachskoteletts (je 250 g)
2 TL Zitronensaft
Salz
weißer Pfeffer, frisch gemahlen
1 Zweig frischer Salbei
400 ml Roséwein (Spätburgunder Weißherbst)
35 g magerer Räucherspeck
1 Zwiebel
2 TL Butter
150 g Sahne
Zucker

1. Die Lachskoteletts kurz unter kaltem Wasser abspülen, mit Küchenpapier trockentupfen, mit Zitronensaft, Salz und Pfeffer würzen. Zugedeckt kalt stellen. Den Salbei waschen, die Blätter abzupfen und zum Wein geben. Etwa 30 Min. darin ziehen lassen.

2. Den Speck in feine Streifen schneiden. Die Zwiebel schälen und sehr fein hacken. In einem Topf die Butter erhitzen, den Speck darin auslassen und leicht anbraten. Die Zwiebel zugeben und hellgelb andünsten. 200 ml Wein mit der Hälfte der Salbeiblätter zugeben, offen bei mittlerer Hitze auf die Hälfte einkochen lassen. Den Backofen (mit Tellern) auf 50° vorwärmen.

3. In einem breiten Topf, in dem die Lachskoteletts nebeneinander Platz haben, den übrigen Wein mit 200 ml Wasser und den restlichen Salbeiblättern erhitzen, 5 Min. kochen. Die Hitze ganz klein schalten, den Lachs in den Sud legen und etwa 10 Min. dünsten.

4. Die garen Lachskoteletts aus dem Topf heben und im Ofen warm halten. Den Sud durch ein feines Sieb zu dem eingekochten Wein gießen, bei starker Hitze wieder auf die Hälfte einkochen lassen. Die Sahne zugeben und aufkochen lassen, mit Salz, Pfeffer und 1 Prise Zucker abschmecken. Die Sauce über die Lachskoteletts gießen, mit Petersilienkartoffeln servieren.

GETRÄNK: fruchtiger Rosé, z. B. Spätburgunder Weißherbst aus der Pfalz

FÜR ANFÄNGER
AUS SCHLESWIG-HOLSTEIN

Lachskoteletts mit Wein-Senf-Sauce

LACHS UND KRUSENMOSTER

ZUBEREITUNG: 30 Min.
GARZEIT: 15 Min.
PRO PORTION CA.: 800 kcal

FÜR 4 PERSONEN:

4 Lachskoteletts (je 250 g)
Salz
Pfeffer, frisch gemahlen
1 große Zwiebel (150 g)
4 EL Öl
1 Lorbeerblatt
200 ml Weißwein
2 EL mittelscharfer Senf
150 g kalte Butter

1. Die Lachskoteletts kurz unter fließendem kaltem Wasser abspülen, mit Küchenpapier trockentupfen und mit Salz und Pfeffer würzen. Die Zwiebel schälen und fein würfeln.

2. In einer großen Schmorpfanne, in der die Fischkoteletts nebeneinander Platz haben, das Öl erhitzen. Die Zwiebel darin bei mittlerer Hitze in etwa 5 Min. hellgelb dünsten. Das Lorbeerblatt dazugeben, die Lachskoteletts darauf legen, den Wein und 150 ml Wasser zugießen, salzen und pfeffern. Den Fisch fest zugedeckt bei schwacher Hitze 10–15 Min. garen. Den Backofen auf 50° anheizen, Teller darin vorwärmen.

3. Die Lachskoteletts aus dem Sud heben, im Ofen warm halten. Den Sud offen um etwa ein Viertel einkochen lassen. Durch ein Sieb gießen, aufkochen lassen und den Senf einrühren. Die Butter in kleinen Stücken nach und nach in den kochenden Fond quirlen. Die Sauce mit Salz und Pfeffer abschmecken. Den Lachs auf den Tellern anrichten, mit der Sauce übergießen und gleich mit Bouillonkartoffeln (s. Tipp) servieren.

GARNIEREN: mit Zitronenachteln

GETRÄNK: würziger Weißwein, z. B. Silvaner Kabinett trocken aus Franken

TIPP!

Für die Bouillonkartoffeln Kartoffeln schälen, grob würfeln und in Fleischbrühe garen.

FÜR GEÜBTE
AUS SCHWABEN

ZUBEREITUNG: 35 Min.
GARZEIT: 30 Min.
PRO PORTION CA.: 560 kcal

FÜR 4 OFENFESTE FÖRMCHEN (ETWA 13 CM Ø):

- 200 g feste Zucchini
- 4 Brötchen vom Vortag
- 300 g Goldbarschfilet (Rotbarsch)
- 1 EL Zitronensaft | Salz
- weißer Pfeffer, frisch gemahlen
- 150 ml Milch | 150 g Sahne
- 2 Eier (Größe M)
- 1 TL fein gehackter Estragon
- 2 EL Semmelbrösel | Butter

Für die Kräutersahne:

- 1 Bund gemischte Kräuter (Petersilie, Schnittlauch, Dill)
- 200 g saure Sahne | 80 g Sahne
- Salz, Pfeffer, frisch gemahlen
- 1 Msp. abgeriebene Zitronenschale

Brotauflauf mit Goldbarsch

OFASCHLUPFER MIT FISCH

1. Die Zucchini waschen und in hauchdünne Scheiben hobeln. Die Brötchen entrinden und in dünne Scheiben schneiden. Den Fisch mit Küchenpapier trockentupfen und schräg in dünne Scheiben schneiden, mit Zitronensaft, Salz und Pfeffer würzen.

2. Den Backofen auf 200° (Umluft: 180°) vorheizen. Die Förmchen sehr dick ausbuttern. Die Zucchini darin leicht überlappend auslegen. Eine Lage Brot und den Fisch darauf legen, mit restlichem Brot bedecken.

3. Milch mit Sahne, Eiern, Estragon, Salz und Pfeffer verquirlen, über das Brot gießen und 10 Min. ziehen lassen. Semmelbrösel darauf streuen und 2 EL Butter in Flöckchen darauf verteilen. Im Ofen (Mitte) in etwa 30 Min. braun backen.

4. Für die Kräutersahne die Kräuter waschen und trockenschütteln, die Blättchen fein hacken. Saure Sahne und Sahne cremig miteinander verrühren, die Kräuter untermischen und mit Salz, Pfeffer und Zitronenschale würzen.

5. Die Förmchen aus dem Ofen nehmen und kurz abkühlen lassen. Auf Teller stürzen, die Kräutersahne darum herum träufeln. Gleich servieren.

GETRÄNK: fülliger Weißwein, z. B. Silvaner Spätlese aus Franken oder Grauer Burgunder aus Baden

Altonaer Seezungenröllchen

FÜR GEÜBTE
AUS HAMBURG

ZUBEREITUNG: 45 Min.
PRO PORTION CA.: 465 kcal

FÜR 4 PERSONEN:

500 g Seezungenfilets (oder Schollenfilets)
1 EL Zitronensaft | Salz
weißer Pfeffer, frisch gemahlen
2 EL fein geschnittener Dill
125 g kleine Champignons
1 Zwiebel
140 g Butter
125 ml Weißwein (ersatzweise Fischfond oder -brühe)
2 Eigelbe
1 EL Zitronensaft
150 g geschälte Nordseekrabben, ersatzweise Eismeerkrabben

1. Die Seezungenfilets mit Küchenpapier trockentupfen, mit Zitronensaft beträufeln, salzen und pfeffern. Die Filets mit der Hautseite nach oben hinlegen und mit Dill bestreuen. Zu Röllchen wickeln und mit Küchengarn binden oder mit Zahnstochern feststecken. Die Champignons säubern und in ganz dünne Scheiben schneiden. Die Zwiebel schälen und sehr fein hacken.

2. Einen breiten Topf mit 1 EL Butter ausstreichen, Zwiebel und Champignons einstreuen, salzen und pfeffern. 100 ml Wein angießen und die Röllchen darauf setzen. Aufkochen lassen und zugedeckt bei schwacher Hitze 10 Min. garen.

3. Gleichzeitig für die Zitronensauce die Eigelbe mit 2 EL Wein und Zitronensaft über dem heißen Wasserbad cremig schlagen, nach und nach die übrige Butter in Flöckchen unterrühren. Die Sauce mit Salz und Pfeffer würzen.

4. Die Krabben über die Röllchen streuen und kurz heiß werden lassen. Mit den Champignons auf Teller heben und mit der Zitronensauce übergießen.

GETRÄNK: frisches herbes Pils oder ein trockener fülliger Weißwein (Muskateller)

TIPP!
Den Garsud durch ein feines Sieb oder Tuch gießen und für eine Fischsuppe verwenden.

Überall in Deutschland mag und schätzt man Bratwürste; die Pfälzer lieben ihre »Brodwerscht«, die grob oder fein, mit Knoblauch oder Majoran gewürzt sein können.

FÜR ANFÄNGER
AUS BERLIN

ZUBEREITUNG: 35 Min.
PRO PORTION CA.: 490 kcal

FÜR 4 PERSONEN:

- 4 frische Bratwürste (je 125 g)
- 4 EL Milch
- 1 EL Öl
- 3 Zwiebeln
- 2 EL Butter
- 1/4 l dunkles Bier (Köstritzer Schwarzbier oder Malzbier)
- 30 g Pfefferkuchen (Saucenlebkuchen)
- Salz | Pfeffer, frisch gemahlen
- 1 TL gerebelter Majoran
- Nelkenpulver
- Paprikapulver, rosenscharf
- 1 TL brauner Zucker

Bratwurst in Biersauce

STOLZER HEINRICH

1. Die Bratwürste in kochendem Wasser kurz überbrühen, abtropfen lassen und mit Küchenpapier trockentupfen. Mit einer Nadel mehrmals anstechen, in der Milch wenden, kurz abtropfen lassen.

2. In einer Pfanne das Öl erhitzen und die Bratwürste in etwa 10 Min. rundum braun und knusprig braten. In dieser Zeit die Zwiebeln schälen und fein hacken. Die Würste aus der Pfanne heben, das Öl abgießen und die Butter in der Pfanne zerlassen. Die Zwiebeln in der Butter mittelbraun braten. Mit dem Bier und etwa 150 ml Wasser ablöschen und den Pfefferkuchen dazubröseln, aufkochen lassen, bis die Sauce gebunden ist. Mit Salz, Pfeffer, Majoran, 1 Prise Nelkenpulver, Paprika und Zucker würzen.

3. Die Würste in die Pfanne geben und zugedeckt bei mittlerer Hitze 10 Min. schmoren. Mit grob gestampftem Kartoffelpüree (s. Seite 134) servieren.

GETRÄNK: frisches kühles Bier, am besten ein dunkles Braunbier

VARIANTE: Für **Bratklopse in Bier** aus 2 eingeweichten, fest ausgedrückten trockenen Schrippen (Brötchen), 500 g gemischtem Hackfleisch, 1 Ei, Salz und Pfeffer einen Teig kneten, zu Frikadellen formen und in heißer Butter auf beiden Seiten braten, dann wie oben die Sauce bereiten und die Bratklopse 10 Min. darin schmoren.

FÜR ANFÄNGER
AUS DER PFALZ

ZUBEREITUNG: 45 Min.
PRO PORTION CA.: 580 kcal

FÜR 4 PERSONEN:

- 4 große frische Bratwürste (je 150 g)
- 100 ml milder Weißweinessig
- 2 große Zwiebeln
- 2 Knoblauchzehen
- 4 EL Milch
- 2 EL Mehl
- 3 EL Butterschmalz
- 300 ml trockener Weißwein (ersatzweise Fleischbrühe)
- Salz
- Pfeffer, frisch gemahlen
- 1 TL gerebelter Majoran

Bratwürste in saurer Sauce

SAURE BRODWERSCHT

1. Die Bratwürste in eine Schüssel legen. Den Essig mit 200 ml Wasser aufkochen lassen, über die Würste gießen und 10 Min. ziehen lassen. Die Zwiebeln und den Knoblauch schälen, die Zwiebeln in Ringe schneiden, den Knoblauch fein hacken.

2. Die Würste aus dem Essigsud heben (den Sud aufbewahren), mit Küchenpapier trockentupfen und mit einer Nadel mehrmals einstechen, damit sie beim Braten nicht platzen. In Milch wenden, kurz abtropfen lassen, dann in dem Mehl wenden.

3. In einer Pfanne das Butterschmalz erhitzen und die Bratwürste bei mittlerer Hitze in etwa 10 Min. rundum braun braten. Würste aus der Pfanne heben, Zwiebeln und Knoblauch im Bratfett goldgelb braten.

4. Die Hälfte vom Essigsud und den Wein in die Pfanne gießen, einmal kräftig aufkochen lassen und die Sauce mit Salz, Pfeffer und Majoran würzen. Wenn die Sauce noch nicht säuerlich genug ist, noch mehr Essigsud angießen. Die Bratwürste in die Sauce legen und kurz erhitzen. Mit Salzkartoffeln servieren.

GARNIEREN: mit frischen Majoranblättchen

GETRÄNK: mittelkräftiger Weißwein, z. B. Grauer Burgunder aus der Pfalz

VARIANTE: Für **»Plaaten in de Pann«** über die gebratenen Würste dünne rohe Kartoffelscheiben schichten, würzen und mit Sahne übergießen. Fest zugedeckt gut 30 Min. garen.

Das »Swiensteert« ist im ganzen nord- und ostdeutschen Raum beliebt. Am besten schmeckt es mit mildem Schinken. Die Wurstklößchen (eher kleine Semmelknödel) sind keine Beilage, sondern schmecken einfach so mit einem Salat.

FÜR ANFÄNGER
AUS SCHLESWIG-HOLSTEIN

Panierte Schinkenscheiben

SWIENSSTEERT PANEERT

RUHEZEIT: 3 Std.
ZUBEREITUNG: 30 Min.
PRO PORTION CA.: 330 kcal

FÜR 4 PERSONEN:

4 dicke Scheiben (je 100 g) mild geräucherter Schinken (Holsteiner Katenschinken)
$^1/_2$ l Milch
4 Scheiben Butter-Zwieback
1 EL Mehl
1 Ei (Größe M)
3 EL Butterschmalz
Salz
Pfeffer, frisch gemahlen

1. Den Schinken in die Milch legen und zugedeckt etwa 3 Std. bei Zimmertemperatur ziehen lassen.

2. Den Zwieback in eine dicke Plastiktüte bröckeln und mit einem Teigroller zu feinen Bröseln zerdrücken. Die Hälfte der Brösel auf einen flachen Teller streuen. In einen zweiten Teller das Mehl streuen, in einem dritten das Ei leicht verquirlen. Den Backofen mit einer Servierplatte auf 50° vorheizen.

3. Den Schinken abtropfen lassen (die Milch aufheben) und mit Küchenpapier trockentupfen. In einer Pfanne das Butterschmalz erhitzen. Die Schinkenscheiben in Mehl, dann in Ei, zuletzt in den Zwiebackbröseln wenden, die Panade andrücken. Die Schnitzel im heißen Fett bei mittlerer Hitze auf beiden Seiten in je etwa 4 Min. goldbraun braten (nicht zu lange, sonst wird der Schinken zäh). Die Schnitzel auf Küchenpapier entfetten und im Ofen warm stellen.

4. Im verbliebenen Fett die restlichen Zwiebackbrösel leicht anrösten, langsam die Milch vom Schinken aufgießen und aufkochen lassen, bis die Sauce gebunden ist. Mit Salz und Pfeffer abschmecken und extra zum Schinken servieren. Als Beilage Salzkartoffeln und eingelegte Rote Bete reichen.

GARNIEREN: mit roten Zwiebelringen

GETRÄNK: ein herbes Holsteiner Pils

FÜR ANFÄNGER
AUS BADEN

Knödelchen mit Bröselbutter

WURSCHTKNÖPFLE

QUELLZEIT: 30 Min.
ZUBEREITUNG: 30 Min.
PRO PORTION CA.: 555 kcal

FÜR 4 PERSONEN:

6 Milchbrötchen vom Vortag
gut 200 ml Milch
1 Zwiebel
$^1/_2$ Bund Petersilie
125 g Schinkenwurst oder geräucherte Krakauer Wurst
75 g Butter
2 Eier (Größe M)
5 EL Semmelbrösel
1 EL Mehl
1 TL gerebelter Majoran
Salz
Pfeffer, frisch gemahlen
Muskatnuss, frisch gerieben

1. Die Brötchen in kleine Würfel schneiden, in eine Schüssel füllen. Die Milch etwas erhitzen und über die Brötchenwürfel träufeln. Etwa 30 Min. weichen lassen.

2. Die Zwiebel schälen und sehr fein würfeln. Die Petersilie waschen, trockenschütteln und die Blättchen ganz fein hacken. Die Wurst in winzige Würfel schneiden. In einem Pfännchen 1 EL Butter erhitzen, die Zwiebel darin glasig dünsten. Pfännchen vom Herd nehmen, Petersilie und Wurstwürfel untermischen. Die Mischung mit den Eiern, etwa 1 EL Semmelbröseln und dem Mehl kräftig unter die Brötchenmasse kneten, eventuell noch mehr Semmelbrösel nehmen. Mit Majoran, Salz, Pfeffer und Muskat kräftig würzen. Backofen mit einer Servierplatte auf 50° vorheizen.

3. Reichlich Wasser aufsetzen, aufkochen lassen und salzen. Mit zwei angefeuchteten Teelöffeln aus der Masse portionsweise kleine »Knöpfle« (Klößchen) abstechen und im leise siedenden Wasser etwa 10 Min. ziehen lassen. Fertige mit einer Schaumkelle herausheben und auf der Platte warm halten.

4. Die restliche Butter (etwa 60 g) zerlassen und 4 EL Semmelbrösel darin unter Rühren goldbraun rösten. Heiß über die Knöpfle gießen und mit einer Schüssel Salat servieren.

GETRÄNK: fruchtiger Roséwein, z. B. Spätburgunder Weißherbst aus Baden

FÜR ANFÄNGER
AUS BAYERN

ZUBEREITUNG: 30 Min.
MARINIERZEIT: 30 Min.
PRO PORTION CA.: 360 kcal

FÜR 4 PERSONEN:

- 4 Scheiben Rostbraten (Roastbeef, Hüftsteaks, je 175 g)
- 1 Bund gemischte Kräuter (Petersilie, Majoran, Thymian, Kerbel)
- 2 Sardellen (in Salzlake)
- 2 EL mittelscharfer Senf
- 3 EL Öl
- 2 Knoblauchzehen
- 2 Zwiebeln
- 3 EL Mehl
- 150 ml Rinderfond (aus dem Glas)
- 150 ml Weißwein (Silvaner; ersatzweise Rinderfond)
- 2 EL saure Sahne
- Salz
- Pfeffer, frisch gemahlen

Rostbraten in würziger Sauce

PFAFFENSCHNITZEL

1. Das Fleisch leicht klopfen, mit Küchenpapier trockentupfen und den Fettrand mit einem scharfen Messer einschneiden, damit sich die Steaks beim Braten nicht wölben.

2. Die Kräuter waschen, trockenschütteln und die Blättchen fein hacken. Sardellen abspülen, abtrocknen und zerdrücken. Beides mit Senf und 1 EL Öl verrühren. Knoblauch schälen und dazupressen. Die Mischung auf die Steaks streichen, die Scheiben aufeinander legen und in Folie wickeln. 30 Min. bei Zimmertemperatur marinieren.

3. Den Backofen mit einer Servierplatte auf 50° vorheizen. Die Zwiebeln schälen und in dünne Ringe schneiden. 2 EL Öl in einer großen Pfanne erhitzen. Die Rostbratenscheiben in Mehl wenden und im Öl bei starker Hitze etwa 2 Min. pro Seite braten. Aus der Pfanne nehmen und im Ofen warm stellen.

4. Das verbliebene Fett bis auf einen kleinen Rest abgießen. Die Zwiebeln darin bei mittlerer Hitze goldbraun rösten. Mit dem Fond und dem Wein ablöschen, etwas einkochen lassen. Die saure Sahne einrühren und die Sauce mit Salz und Pfeffer abschmecken. Über die Pfaffenschnitzel gießen und servieren.

GARNIEREN: mit Kerbelblättchen

GETRÄNK: kräftiger Weißwein, z. B. ein Silvaner Spätlese trocken aus Franken

Pikant marinierter Spießbraten

PÄLZER SPIESSBRODE

FÜR GEÜBTE
AUS DER PFALZ

MARINIERZEIT: über Nacht
ZUBEREITUNG: 30 Min.
GARZEIT: 25 Min.
PRO PORTION CA.: 620 kcal

FÜR 4 PERSONEN:

750 g durchwachsenes Schweinefleisch (Nacken)
5 Zwiebeln
4 Knoblauchzehen
3 EL Öl
Salz
Pfeffer, frisch gemahlen
1 TL Paprikapulver, rosenscharf
1 TL gerebelter Majoran
2 EL Butter
Öl für die Spieße und den Rost

1. Das Fleisch mit Küchenpapier trockentupfen und in gut eigroße Stücke schneiden. 1 Zwiebel und den Knoblauch schälen, die Zwiebel in feine Ringe schneiden, den Knoblauch durch die Presse drücken. Beides mit dem Öl, Salz, Pfeffer, Paprika und Majoran zum Fleisch geben, gut durchmischen und im Kühlschrank über Nacht marinieren.

2. Den Holzkohlengrill oder den Elektrogrill anheizen. Das Fleisch rechtzeitig aus dem Kühlschrank nehmen und abtropfen lassen. Spieße ölen und das Fleisch aufstecken. Die Spieße auf dem heißen, geölten Rost bei mittlerer Hitze 20–25 Min. grillen, bis das Fleisch gut gebräunt ist, ab und zu umdrehen.

3. Die übrigen Zwiebeln schälen und in Ringe schneiden. In einer großen Pfanne die Butter aufschäumen lassen und die Zwiebeln darin bei mittlerer Hitze nussbraun braten. Das Fleisch von den Spießen in die Pfanne streifen und mit den Zwiebeln mischen. Kurz erhitzen, mit Salz und Pfeffer abschmecken. Mit deftigem Bauernbrot und gemischtem Salat servieren.

GETRÄNK: fruchtiger, leichter Rotwein, z. B. Dornfelder trocken aus der Pfalz

VARIANTE: Für **Hunsrücker Spießbraten** 4 Kluftsteaks (Beefsteaks) leicht klopfen und wie oben marinieren. Auf dem heißen Grill bei mittlerer Hitze nur etwa 10 Min. grillen, hoch über der Glut noch 5 Min. nachziehen lassen und mit den gebratenen Zwiebeln belegt servieren.

»Vögerl« werden in Süddeutschland kleine Rouladen genannt, und besonders die Schwaben schätzen sie aus Kalbfleisch mit kräuterwürziger Füllung.

FÜR GEÜBTE
AUS SCHWABEN

ZUBEREITUNG: 30 Min.
GARZEIT: 45 Min.
PRO PORTION CA.: 355 kcal

FÜR 4 PERSONEN:

- 4 große, dünn geschnittene Kalbsschnitzel (je 150 g)
- Salz
- Pfeffer, frisch gemahlen
- 2 Frühlingszwiebeln
- 1/2 Bund Petersilie
- 2 Zweige frischer Thymian
- 2 Zweige frischer Majoran
- 1 grobe, ungebrühte Bratwurst (125 g)
- 1 EL Mehl
- 1 Bund Suppengemüse
- 3 EL Butter
- 200 ml Kalbsfond (aus dem Glas)
- 100 ml Weißwein (ersatzweise Kalbsfond)
- 2 EL Sahne
- 1 Msp. abgeriebene Zitronenschale

Kalbsvögerl

1. Die Schnitzel trockentupfen, auf einem Brett auslegen und mit der flachen Seite des Fleischklopfers leicht klopfen (Step 1). Mit Salz und Pfeffer würzen.

2. Die Frühlingszwiebeln waschen, putzen und klein schneiden. Die Kräuter waschen, trockenschütteln und die Blättchen fein hacken. Die Bratwurstfülle in eine Schüssel drücken, mit Frühlingszwiebeln und den Kräutern mischen und gleichmäßig auf die Schnitzel streichen (Step 2). Die Schnitzel wie Rouladen aufrollen. Die Enden mit Rouladennadeln feststecken oder die Röllchen mit Küchengarn binden (Step 3). Die Röllchen in Mehl wenden, überschüssiges Mehl abklopfen.

3. Das Suppengemüse waschen, putzen und klein würfeln. In einer Schmorpfanne die Butter aufschäumen lassen, die Röllchen darin bei mittlerer Hitze in etwa 10 Min. rundum anbräunen, dann aus der Pfanne heben. Im verbliebenen Fett das Suppengemüse unter Rühren in etwa 5 Min. leicht bräunen. Den Fond und den Wein angießen, die Röllchen in die Pfanne legen und zugedeckt bei schwacher Hitze etwa 45 Min. garen.

4. Die garen Kalbsvögerl aus der Sauce heben, die Sauce durch ein Sieb streichen, erhitzen und die Sahne unterrühren. Die Sauce mit Zitronenschale, Salz und Pfeffer abschmecken. Die Röllchen in der Sauce kurz erwärmen. Auf Tellern anrichten und mit Spätzle oder Nudeln servieren.

GETRÄNK: leichter Rotwein, z. B. Trollinger trocken aus dem Hohenloher Land

VARIANTE: 4 **Rindsrouladen** mit Senf bestreichen, je 1 Streifen Speck und 1/4 Gewürzgurke darauf legen, aufrollen und wie oben schmoren – aber 1 1/2 Std. lang, die Sauce mit Tomatenmark abrunden.

1. Die Schnitzel leicht klopfen, damit sie sich beim Braten nicht verziehen. Klarsichtfolie schont das Fleisch.

2. Das Bratwurstbrät mit Kräutern auf die Schnitzel streichen, dabei einen Rand rundum frei lassen.

3. Die Enden der Schnitzel mit Rouladennadeln quer (wie bei einem Heftstich) feststecken oder mit Garn binden.

STAINLESS
STEEL
MADE IN
JAPAN

Innereien schmecken noch besser, wenn sie über Nacht in Milch oder Buttermilch eingelegt werden.

FÜR GEÜBTE
AUS WÜRTTEMBERG

Saure Kalbsnieren

ZUBEREITUNG: 35 Min.
PRO PORTION CA.: 285 kcal

FÜR 4 PERSONEN:

- 500 g Kalbsnieren
- 1 große Zwiebel
- 2 EL Öl
- 2 EL Butter
- Salz
- schwarzer Pfeffer, frisch gemahlen
- 1 EL Mehl
- 200 ml Rotwein (ersatzweise Fleischbrühe)
- 1 TL mittelscharfer Senf
- 200 ml kräftige Fleischbrühe
- 2 EL Weißweinessig

1. Die Nieren längs aufschneiden, Fett und Blutgefäße entfernen. Die Nieren in die einzelnen Segmente zerteilen und diese in dünne Scheiben schneiden. Mit Küchenpapier trockentupfen. Die Zwiebel schälen und fein hacken. Den Backofen auf 60° anheizen, eine Schüssel darin vorwärmen.

2. In einer großen Pfanne das Öl mit 1 EL Butter erhitzen, die Nieren darin bei mittlerer Hitze rundum etwa 5 Min. braten, dann salzen und pfeffern. Zugedeckt im Ofen warm halten. Im verbliebenen Fett die Zwiebel anrösten, mit dem Mehl bestreuen und alles hellbraun braten. Den Rotwein angießen und auf die Hälfte einkochen lassen. Den Senf einrühren, Brühe und Essig angießen, etwa 2 Min. sprudelnd kochen lassen.

3. Die restliche Butter in die Sauce quirlen, mit Salz und Pfeffer abschmecken. Die Nieren unter die Sauce mischen und kurz erhitzen. Mit Salzkartoffeln servieren.

GETRÄNK: leichter, fruchtiger Rotwein, z. B. Schwarzriesling aus Württemberg

TIPP!
Statt Kalbsnieren können Sie auch Schweinenieren nehmen, diese aber längs aufschneiden, putzen und über Nacht in Milch einlegen.

FÜR ANFÄNGER
AUS THÜRINGEN

Leberschnitten mit Äpfeln und Zwiebeln

ZUBEREITUNG: 40 Min.
PRO PORTION CA.: 385 kcal

FÜR 4 PERSONEN:

- 4 Scheiben Kalbsleber (je 150 g)
- schwarzer Pfeffer, frisch gemahlen
- 1 Msp. gemahlener Rosmarin
- 2 säuerliche Äpfel (Boskop)
- 1 EL Zitronensaft
- 4 Zwiebeln
- 2 EL Mehl
- Salz
- 2 EL Öl
- 2 EL Butter
- 1 TL Paprikapulver, edelsüß
- 150 g saure Sahne
- 1 EL Johannisbeer-Konfitüre
- 1 EL mittelscharfer Senf

1. Die Leberscheiben mit Küchenpapier trockentupfen, mit Pfeffer und Rosmarin würzen, zugedeckt kühl stellen. Die Äpfel schälen, vierteln und die Kerngehäuse ausschneiden. Die Apfelviertel in dünne Spalten schneiden, mit dem Zitronensaft mischen, damit sie nicht braun werden. Die Zwiebeln schälen und fein hacken. Den Backofen auf 60° anheizen, eine Servierplatte darin vorwärmen.

2. Das Mehl mit etwas Salz mischen und die Leber darin wenden, überschüssiges Mehl abklopfen. In einer großen Pfanne das Öl erhitzen und die Leber darin bei mittlerer Hitze etwa 3 Min. pro Seite braten. Aus der Pfanne heben und im Ofen warm stellen.

3. Das Öl aus der Pfanne gießen, die Butter darin aufschäumen lassen und die Zwiebeln darin unter Rühren goldgelb dünsten. Das Paprikapulver darüber streuen und die Äpfel zugeben, 3–4 Min. dünsten, bis die Äpfel leicht glasig sind.

4. Die saure Sahne mit Konfitüre und Senf verquirlen, unter die Apfel-Zwiebel-Mischung rühren, erhitzen und mit Salz und Pfeffer abschmecken. Über die Leberscheiben gießen und mit Kartoffelpüree servieren.

GARNIEREN: mit Tomatenecken umlegen

GETRÄNK: saftig-würziger Rotwein, z. B. ein Spätburgunder trocken aus Baden

FÜR ANFÄNGER
AUS DER PFALZ

ZUBEREITUNG: 30 Min.
GARZEIT: 1 1/4 Std.
PRO PORTION CA.: 690 kcal

FÜR 4 PERSONEN:

1 großes Hähnchen, möglichst ein Bauernhähnchen aus Freilandhaltung (1,4 kg)
1/4 l Weißwein (ersatzweise Fleischbrühe)
Salz
1 Lorbeerblatt
3 Wacholderbeeren
1 Gewürznelke
2 EL weiche Butter
2 dünne Scheiben gut durchwachsener Speck (Dörrfleisch, ersatzweise Bacon)
1 Weinblatt (in Salzlake)
2 Sauerkirschblätter (ersatzweise 2 Lorbeerblätter)
750 g kleine fest kochende Kartoffeln
schwarzer Pfeffer, frisch gemahlen
1/4 l Fleischbrühe
250 g helle Weintrauben

Brathähnchen in Blättern

FELDHINKEL

1. Das Hähnchen innen und außen unter fließendem Wasser abspülen, mit Küchenpapier trockentupfen. Die Bauchhöhle mit etwas Wein ausreiben (nach Belieben) und leicht salzen. Lorbeer, Wacholder und Nelke im Mörser zerstoßen und mit 1 EL Butter mischen, in die Bauchhöhle füllen. Die Hähnchenbrust mit dem Speck bedecken, darauf das Weinblatt und die Sauerkirschblätter legen. Das Hähnchen mit Küchengarn binden. Den Backofen auf 225° vorheizen.

2. Die Kartoffeln schälen, größere halbieren. Einen Bräter mit 1 EL Butter ausstreichen, die Kartoffeln hineinlegen, das Huhn mit der Brust nach oben darauf platzieren, alles mit Salz und Pfeffer bestreuen. Im Ofen (Mitte, Umluft: 200°) 30 Min. braten, dabei immer wieder mit etwas Wein und Brühe beträufeln. Dann die Hitze auf 175° (Umluft: 160°) reduzieren, das Geflügel wenden und weitere 45 Min. braten.

3. Die Weintrauben halbieren und die Kerne mit einer Messerspitze entfernen. Vom Hähnchen das Garn und die Blätter entfernen, das Geflügel zerteilen und mit den Kartoffeln auf Tellern anrichten. Mit den Weintrauben garnieren.

GETRÄNK: ein vollmundiger Weißwein, z. B. Gewürztraminer Spätlese trocken aus der Pfalz

TIPP!

Die Blätter vom Sauerkirschbaum würzen aromatisch und herb-süß, fast wie Lorbeerblätter. Auch zum Einlegen von Gurken sind sie gut zu verwenden.

FÜR ANFÄNGER
AUS MECKLENBURG

ZUBEREITUNG: 35 Min.
GARZEIT: 45 Min.
PRO PORTION CA.: 590 kcal

FÜR 4 PERSONEN:

4 küchenfertige fleischige Wachteln (je 175 g)
Salz | Pfeffer, frisch gemahlen
1 Brötchen vom Vortag
50 ml Milch
30 g Mecklenburger Katenschinken (ersatzweise anderer mild geräucherter Schinken)
1 kleines Ei (Größe S)
2 EL fein gehackte Petersilie
Muskatnuss, frisch gerieben
50 g Butter | 5 Wacholderbeeren
2 Gewürznelken
4 EL Weinbrand nach Belieben
4 EL Zitronensaft
200 g Sahne | 1 EL Mehl

Gefüllte Wachteln

1. Die Wachteln kalt waschen, mit Küchenpapier trockentupfen, innen und außen salzen und pfeffern. Das Brötchen entrinden und in Würfel schneiden. Die Milch etwas erhitzen und über die Würfel träufeln, 10 Min. ziehen lassen. Den Schinken ohne Fett sehr klein würfeln, mit dem Ei und 1 EL Petersilie unter das Brötchen mischen. Mit Salz, Pfeffer und Muskat würzen. Die Masse in die Wachteln füllen, die Öffnungen mit Zahnstochern zustecken. Die Wachteln mit Küchengarn in Form binden.

2. In einer Schmorpfanne die Butter erhitzen. Die Wachteln bei mittlerer Hitze in etwa 10 Min. rundum braun anbraten. Wacholder und Nelken zerdrücken, dazugeben und mit Weinbrand und etwa 150 ml Wasser ablöschen. 2 EL Zitronensaft zugießen. Die Wachteln zugedeckt bei schwacher Hitze etwa 45 Min. schmoren.

3. Die Wachteln aus der Pfanne heben, Fäden und Zahnstocher entfernen. Den Bratensaft durch ein Sieb in einen Topf gießen. Sahne mit Mehl verquirlen, unter den Bratensaft mischen und unter Rühren aufkochen lassen. Mit 2 EL Zitronensaft und Petersilie würzen, mit Salz und Pfeffer abschmecken. Die Wachteln in der Sauce kurz erhitzen, auf Teller legen und mit Salzkartoffeln und Salat servieren.

GETRÄNK: klassisch trockener Riesling, z. B. aus dem Meißner Spaargebirge

Eine raffinierte Neuinterpretation der klassischen Kombination von Fleisch mit Dörrobst, die typisch für Schleswig-Holstein ist.

Kaninchen in Rieslingsauce mit Aprikosen-Krapfen

FÜR KÖNNER
AUS SCHLESWIG-HOLSTEIN

ZUBEREITUNG: $1\,^1/_4$ Std.
PRO PORTION CA.: 695 kcal

FÜR 6 PERSONEN:

1 küchenfertiges Kaninchen ($1\,^1/_2$ kg), in Stücke geteilt
Pfeffer, frisch gemahlen
1 EL Öl
2 EL Mehl
2 Knoblauchzehen
$^1/_2$ l trockener Weißwein (Riesling)
$^1/_4$ l Fleischbrühe
5 Stängel Petersilie
3 Zweige frischer Thymian

Für das Gemüse:

6 Möhren
300 g Zuckerschoten
Zucker

Für die Aprikosen-Krapfen:

150 g Mehl
3–4 Eier (Größe M)
75 g geriebener Hartkäse
8–24 getrocknete ungeschwefelte Aprikosen (je nach Größe)
Fett zum Frittieren

Außerdem:

Salz
Butter

1. Das Kaninchen kurz abspülen und trockentupfen. Rundum salzen und pfeffern. In einer Schmorpfanne Öl und 1 EL Butter erhitzen. Kaninchen in Mehl wenden und ringsum bei mittlerer Hitze hellbraun anbraten. Knoblauch schälen und ganz zugeben. Mit $^1/_4$ l Wein ablöschen, offen etwa 10 Min. kochen lassen. Kräuter waschen, Petersilienblätter abzupfen (anderweitig verwenden), Stängel mit Thymian binden (Step 1), in die Pfanne legen und den restlichen Wein und die Brühe angießen. Zugedeckt bei schwacher Hitze etwa 45 Min. schmoren.

2. Währenddessen für das Gemüse die Möhren schälen und in streichholzfeine Streifen schneiden. Die Zuckerschoten waschen. Reichlich Wasser aufkochen lassen, salzen und das Gemüse darin 5 Min. brühen. Abgießen, kalt abschrecken und abtropfen lassen.

3. Für die Krapfen $^1/_4$ l Wasser mit 65 g Butter und 1 Prise Salz aufkochen lassen, vom Herd nehmen und das Mehl hineinschütten. Topf auf den Herd stellen und die Masse unter Rühren zu einem Kloß abbrennen (Step 2). Vom Herd nehmen, 1 Ei und den Käse unterrühren. Etwas abkühlen lassen, einzeln die restlichen Eier einarbeiten, bis der Teig glänzt.

4. Die Aprikosen je nach Größe eventuell halbieren oder vierteln. Mit einem Esslöffel gut walnussgroße Stücke Teig abstechen, 1 Aprikose fest darauf drücken, den Teig darum herum hüllen (Step 3). Backofen auf 60° vorwärmen.

5. In einem breiten Topf oder in der Fritteuse Fett auf etwa 170° erhitzen, die Krapfen darin portionsweise auf beiden Seiten in etwa 5 Min. hellbraun backen. Nicht zu viele auf einmal backen. Fertige Krapfen auf Küchenpapier entfetten und im Ofen warm halten.

6. Die Kaninchensauce abschmecken, Kräuterbündel und Knoblauch entfernen. Das Gemüse in heißer Butter mit 1 guten Prise Zucker schwenken. Gemüse, Kaninchen, Krapfen und Sauce auf Tellern anrichten.

1. Nur die Stängel von der Petersilie mit den Thymianzweigen zu einem Kräuterbündel binden.

2. Die Mehlmasse auf dem Herd rühren, bis sie einen festen Kloß bildet und der Topf eine weiße Kruste hat.

3. Etwas Teig abstechen, 1 Aprikose darauf drücken und mit einem Löffel oder den Händen in den Teig hüllen.

Zart gesottenes Rindfleisch mit Gemüse – das schmeckt im Spätherbst, wenn der Meerrettich frisch geerntet wird.

FÜR GEÜBTE
AUS NIEDERSACHSEN

ZUBEREITUNG: 30 Min.
GARZEIT: $1^3/_4$ Std.
PRO PORTION CA.: 955 kcal

FÜR 4 PERSONEN:

1 Lammkeule mit Knochen ($1^1/_2$ kg), möglichst eine Heidschnuckenkeule
1 Zweig frischer Rosmarin
1 TL schwarze Pfefferkörner
grobes Meersalz
50 g Butter
2 Zwiebeln | 2 Möhren
1 Stange Lauch
$^1/_2$ Sellerieknolle
1 EL Öl
$^1/_4$ l Weißwein (ersatzweise leichte Fleischbrühe)
200 g saure Sahne
2 TL Speisestärke
Salz | Pfeffer, frisch gemahlen

Lamm aus dem Ofen

1. Die Lammkeule häuten und die Fettschicht bis auf einen ganz dünnen Rest abschneiden. Das Fleisch trockentupfen. Den Rosmarin waschen, trockenschütteln, die Nadeln abzupfen und fein hacken. Die Pfefferkörner mit gut 1 TL Meersalz im Mörser zerdrücken, den Rosmarin zugeben und ein wenig zerreiben, bis er Aroma abgibt.

2. Die Butter zerlassen und die Gewürze darin kurz erwärmen. Die Lammkeule rundum damit bepinseln. Den Backofen auf 200° vorheizen. Zwiebeln, Möhren, Lauch und Sellerie waschen bzw. putzen und in $^1/_2$ cm breite Streifen schneiden. In einem Bräter das Öl erhitzen, das Gemüse darin leicht anrösten.

3. Die Lammkeule auf das Gemüse setzen, in den Ofen (Mitte, Umluft: 180°) schieben, $^1/_8$ l Wein angießen und 30 Min. garen. Die Keule vorsichtig wenden, den restlichen Wein angießen und das Fleisch 45 Min.–1 Std. braten.

4. Die Keule auf eine Servierplatte heben und im abgeschalteten Ofen 15 Min. ziehen lassen. Den Bratfond mit $^1/_2$ l Wasser loskochen, durch ein Sieb streichen und das Fett abschöpfen. Die Sahne mit Stärke verrühren, in die Sauce rühren und aufkochen lassen, bis die Sauce gebunden ist. Mit Salz und Pfeffer abschmecken, extra servieren.

GETRÄNK: saftiger, fülliger Rotwein, z. B. ein Spätburgunder vom Kaiserstuhl

FÜR ANFÄNGER
AUS SÜDHESSEN

ZUBEREITUNG: 45 Min.
GARZEIT: 2 Std.
PRO PORTION CA.: 625 kcal

FÜR 4 PERSONEN:

1 kg Rindfleisch zum Kochen (Brust, Querrippe) mit Knochen
2 Möhren
$^1/_2$ Stange Lauch
1 Zwiebel | Salz
1 TL schwarze Pfefferkörner
2 Lorbeerblätter
8 mittelgroße fest kochende Kartoffeln

Für den Meerrettich:

120 g Semmelbrösel
150 g frische Meerrettichwurzel
2 EL Zitronensaft
2 EL Butter | Zucker
200 ml Milch
Pfeffer, frisch gemahlen
Muskatnuss, frisch gerieben

Suppenfleisch mit Meerrettich

SUBBEFLEISCH MIT MEERRETTIG

1. Das Suppenfleisch kurz waschen, in etwa 2 l kochendem Wasser aufsetzen. Den Schaum abschöpfen. Die Möhren schälen, den Lauch putzen und waschen, die Zwiebel schälen. Alles in grobe Stücke schneiden und zum Fleisch geben. Salz, Pfeffer und Lorbeerblätter zugeben. Zugedeckt bei ganz schwacher Hitze 2 Std. garen.

2. Nach $1^1/_2$ Std. 600 ml Brühe für den Meerrettich abschöpfen, abkühlen lassen. Die Kartoffeln schälen, halbieren und zum Fleisch geben, mitgaren.

3. Für den Meerrettich die Semmelbrösel in einem Topf mit der abgekühlten Fleischbrühe verrühren und 15 Min. quellen lassen. Den Meerrettich schälen und reiben oder klein schneiden und im Blitzhacker pürieren. Mit dem Zitronensaft mischen, damit er nicht braun wird. Die Bröselmischung langsam aufkochen lassen, die Butter, 1 Prise Zucker und die Milch zugeben, unter Rühren kurz aufkochen lassen. Den Meerrettich unterrühren, mit Salz, Pfeffer und Muskat abschmecken.

4. Das Fleisch aus der Brühe heben und in dünne Scheiben aufschneiden, mit etwas Brühe beträufeln. Die Kartoffeln dazulegen, den Meerrettich extra servieren.

GARNIEREN: mit fein gehackten Meerrettich- oder Petersilienblättchen

GETRÄNK: fester, deftiger Weißwein, z. B. Grauburgunder Kabinett trocken von der Hessischen Bergstraße

Wild mit Obst ist eine traditionsreiche Kombination. Statt Preiselbeeren gibt es in der Pfalz Apfelsine in einer Hagebuttensauce.

FÜR ANFÄNGER
AUS MECKLENBURG

ZUBEREITUNG: 30 Min.
GARZEIT: 1 1/2 Std.
PRO PORTION CA.: 425 kcal

FÜR 4 PERSONEN:

750 g Wildragout ohne Knochen (vom Wildschwein, ersatzweise vom Hirsch)
1 Möhre
1 Petersilienwurzel
1/2 Stange Lauch
75 g Sellerieknolle
500 g kleine Zwiebeln
3 EL Öl
150 ml Rotwein (ersatzweise Fleischbrühe)
5 Wacholderbeeren
1 Lorbeerblatt
3 Gewürznelken
1/2 TL getrockneter Thymian
Salz | Pfeffer, frisch gemahlen
1/4 l Fleischbrühe
200 g saure Sahne | 1 EL Mehl

Wildschwein-Ragout

1. Das Fleisch kurz waschen, trockentupfen und in gleichgroße Stücke schneiden. Das Gemüse waschen, putzen bzw. schälen und in kleine Würfel schneiden. Die Zwiebeln schälen, ganz kleine Zwiebeln ganz lassen, größere vierteln.

2. In einem Schmortopf das Öl erhitzen. Die Ragoutstücke portionsweise bei starker Hitze in etwa 7 Min. rundum anbräunen. Zum Schluss alles Fleisch, Gemüse und Zwiebeln dazugeben und kurz anrösten, mit Rotwein aufgießen und ein wenig einkochen lassen. Das Ragout mit zerdrücktem Wacholder, Lorbeer, Nelken, Thymian, Salz und Pfeffer würzen. Die Brühe angießen und alles zugedeckt bei schwacher Hitze 1 1/2 Std. schmoren, bei Bedarf etwas Wasser ergänzen.

3. Die Gewürze aus der Sauce entfernen. Die saure Sahne mit dem Mehl verquirlen, unter das Ragout mischen und 5 Min. köcheln lassen, bis die Sauce gebunden ist. Mit Salz und Pfeffer abschmecken. Dazu Knödel oder Salzkartoffeln und Preiselbeeren servieren.

GARNIEREN: mit gehackter Petersilie

GETRÄNK: ein kräftiger, voller Rotwein, z. B. ein Spätburgunder trocken aus dem Barrique

TIPP!
Wenn die Sauce nicht dunkel genug ist, mit 1 Schuss starkem Kaffee abrunden.

FÜR GEÜBTE
AUS DER PFALZ

ZUBEREITUNG: 35 Min.
PRO PORTION CA.: 245 kcal

FÜR 4 PERSONEN:

4 Rehschnitzel (vom Wildhändler aus der Hinterkeule schneiden lassen), je 125 g, ersatzweise Hirschsteaks
2 EL Öl
Salz
Pfeffer, frisch gemahlen
1 EL Butter
1 EL Zucker
3 EL Rotweinessig
5 EL Hagebuttenmark (Reformhaus)
125 ml Rotwein (ersatzweise Wildfond und Orangensaft)
1/2 TL gemahlener Piment
1 Apfelsine (Orange)

Rehschnitzel mit Apfelsinen und Hagebuttensauce

REH MIT ABBELSINE

1. Den Backofen auf 60° mit einer Servierplatte vorwärmen. Die Schnitzel mit Küchenpapier trockentupfen. In einer Pfanne das Öl erhitzen, die Schnitzel darin bei starker Hitze auf jeder Seite 3 Min. braten, salzen und pfeffern, im Ofen warm stellen.

2. Das Fett aus der Pfanne abgießen, die Butter darin erhitzen. Den Zucker einstreuen, hell anbräunen und mit Essig, Hagebuttenmark und Rotwein aufkochen lassen. Mit Salz und Piment würzen.

3. Die Apfelsine mit einem scharfen Messer dick bis ins Fruchtfleisch schälen, sodass auch die weiße Haut mit entfernt wird. Die Filets zwischen den Trennhäuten herausschneiden, dabei den Saft auffangen. Die Apfelsinenspalten in Stückchen schneiden und mit dem Saft zur Sauce geben. Kurz erhitzen und abschmecken. Über die Schnitzel gießen und servieren. Als Beilage passen feine Bandnudeln oder kleine Kartoffeln, in Butter geschwenkt.

GETRÄNK: ein fruchtig-schmeichelnder Rotwein, z. B. Saint Lorent trocken vom Dürkheimer Feuerberg

VARIANTE: Für **Wildspieße mit Speckpflaumen** das Fleisch würfeln. Dörrpflaumen ohne Stein in Streifen vom Frühstücksspeck wickeln. Fleisch und Pflaumen abwechselnd auf Spießchen stecken, in der Pfanne rundum in etwa 10 Min. bräunen. Warm halten und wie oben die Sauce bereiten.

Für die Bayern ist ein Schweinebraten mit rescher Kruste das Höchste, vor allem, wenn es sich dabei um ein Spanferkel, ein Jungschwein, das nicht älter als sechs Wochen ist, handelt. Und mindestens genau so wichtig ist die dunkle Sauce, die reichlich sein muss.

Spanferkel-Krustenbraten

SCHBOFAKI

FÜR GEÜBTE
AUS BAYERN

ZUBEREITUNG: 30 Min.
GARZEIT: 2 Std.
PRO PORTION CA.: 345 kcal

FÜR 6 PERSONEN:

$1^1/_2$ kg Spanferkelschinken, ersatzweise Schweineschulter mit Schwarte
2 Knoblauchzehen
Salz
schwarzer Pfeffer, frisch gemahlen
1 TL gemahlener Kümmel
2 Zwiebeln
2 Möhren
100 g Sellerieknolle
1 Stück Roggenbrotrinde (50 g)
$^1/_2$ l dunkles Bier oder Malztrunk
2 EL Butterschmalz
1–2 TL Speisestärke

1. Das Fleisch kurz waschen, trockentupfen und die Schwarte mit einem scharfen Messer rautenförmig einschneiden (Step 1).

2. Den Knoblauch schälen und pressen, mit Salz, Pfeffer und Kümmel mischen. Den Braten rundum damit einreiben. Gemüse schälen und grob würfeln. Die Brotrinde zerkleinern. Den Backofen auf 200° vorheizen.

3. Das Bier mit $^3/_4$ l Wasser mischen. In einem großen Bräter das Butterschmalz zerlassen, den Schinken erst auf der Fleisch-, dann auf der Schwartenseite kurz anbraten. Das Gemüse und die Brotrinde rundum verteilen und $^1/_4$ l Biermischung angießen. Den Bräter in den Ofen (Mitte, Umluft: 180°) stellen (Step 2) und das Fleisch 1 Std. offen garen, ab und zu mit etwas Biermischung begießen.

4. Dann das Fleisch umdrehen und bei 175° (Umluft: 160°) 40 Min. weitergaren, weiterhin mit etwas Biermischung übergießen. Für eine knusprige Kruste 1 EL Salz mit 150 ml Wasser verrühren und nach der Garzeit auf die Schwarte streichen (Step 3), dann nochmal 20 Min. braten, zwischendurch noch einmal mit Salzwasser bepinseln.

5. Den Braten aus dem Bräter heben und im abgeschalteten Ofen warm halten. Den Bratensatz im Bräter mit restlicher Biermischung unter Rühren loskochen. Durch ein Sieb gießen und aufkochen lassen. Die Stärke mit etwas kaltem Wasser anrühren, in die Sauce rühren und kochen lassen, bis die Sauce gebunden ist. Mit Salz und Pfeffer abschmecken.

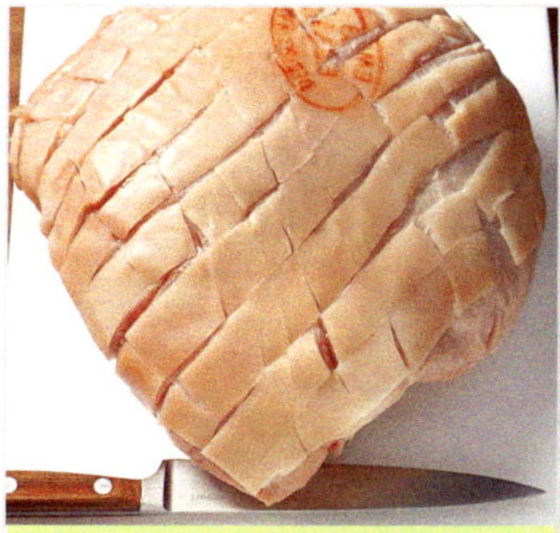

1. Die Schwarte mit einem sehr scharfen Messer rautenförmig bis in die Fettschicht einschneiden.

2. Den Braten erst mit der Schwartenseite nach unten in den Ofen schieben, damit sie weich wird.

3. Damit die Schwarte knusprig wird, kurz vor Garzeitende mit starkem Salzwasser mehrmals bepinseln.

Gemüsegerichte

Gemüse, Fastenspeisen und Beilagen

120 Spargel mit Nussbutter
120 Spargel mit Krabben
122 Teltower Rübchen
122 Speckbohnen
122 Gedünstete Frühlingszwiebeln
124 Blumenkohl mit Krebssauce
124 Leipziger Allerlei mit Krebsen
126 Pilze in Sahnesauce
126 Dinkeläpfel auf Sauerkraut
128 Porree mit Schinken
128 Möhren in Eiersauce
130 Gemüseteller mit Setzei
131 Steinpilze mit Grünkern-Pfannküchlein
132 Kartoffelklöße »halb und halb«
132 Semmelknödel
132 Hefekloß
134 Stampfkartoffeln
134 Kümmel-Kartoffeln aus dem Ofen
134 Zerrupfte Kartoffepuffer

Wo immer es in Deutschland Sandböden gibt, wird Spargel angebaut. Und natürlich auch gern so frisch wie möglich gegessen.

FÜR ANFÄNGER
AUS BADEN

ZUBEREITUNG: 45 Min.
PRO PORTION CA.: 560 kcal

FÜR 4 PERSONEN:

2 kg weißer Spargel
Salz
Zucker
Muskatnuss, frisch gerieben
100 g Haselnusskerne
1 Knoblauchzehe
125 g Butter
100 ml Weißwein (ersatzweise Apfelsaft)
250 g gekochter Schinken in Scheiben

Spargel mit Nussbutter

1. Den Spargel waschen und die Stangen vom Kopf zum Ende hin schälen, dabei etwa 2 cm unterhalb des Kopfes beginnen. Holzige Enden abschneiden. Jeweils 500 g Spargel zu einem Bündel zusammenfassen und mit Küchengarn binden. Reichlich Wasser aufkochen lassen, mit Salz, 1 guten Prise Zucker und etwas Muskat würzen, den Spargel darin je nach Dicke in 15–20 Min. nicht zu weich kochen.

2. Für die Nussbutter die Nüsse grob hacken. Den Knoblauch schälen. In einem Topf die Butter erhitzen und die Nüsse darin braten, bis die Butter leicht gebräunt ist. Den Knoblauch dazupressen und den Wein aufgießen, kurz ziehen lassen.

3. Die Spargelbündel aus dem Wasser heben und abtropfen lassen. Die Fäden entfernen und die Spargelportionen auf Tellern anrichten. Die Nussbutter darüber gießen, den Spargel mit Schinkenröllchen umlegen und servieren.

GARNIEREN: mit Kerbelblättchen

GETRÄNK: eleganter, leicht nussig schmeckender Weißwein, z. B. Weißburgunder aus Baden

TIPP!

Die Spargelschalen nicht wegwerfen, sondern im Spargelwasser auskochen und den Fond (mit Spargelresten, wenn welche bleiben) für eine Suppe verwenden.

FÜR ANFÄNGER
AUS NORDDEUTSCHLAND

ZUBEREITUNG: 45 Min.
PRO PORTION CA.: 310 kcal

FÜR 4 PERSONEN:

250 g weiße Champignons
1 Zwiebel
1/2 Bund Petersilie
1 1/2 kg weißer Spargel
Salz
1 TL Zucker
2 1/2 EL Butter
200 g Sahne
weißer Pfeffer, frisch gemahlen
200 g geschälte Nordseekrabben, ersatzweise kleine Garnelen
1 EL Zitronensaft

Spargel mit Krabben

1. Die Champignons säubern und putzen, sehr fein hacken (mit dem Blitzhacker oder mit einem Wiegemesser). Die Zwiebel schälen und sehr klein würfeln. Die Petersilie waschen, trockenschütteln und die Blättchen fein hacken.

2. Den Spargel schälen, zu 4 gleich großen Bündeln zusammenfassen und mit Küchengarn binden. Reichlich Wasser aufkochen lassen, mit Salz, Zucker und 1/2 EL Butter würzen. Die Spargelbündel einlegen und zugedeckt bei mittlerer Hitze in 15–20 Min. nicht zu weich kochen.

3. In einer Schmorpfanne 1 EL Butter erhitzen. Die Zwiebel darin hell andünsten. Die Champignons dazugeben und offen bei mittlerer Hitze gut 10 Min. dünsten, bis die austretende Flüssigkeit verdampft ist. Petersilie und Sahne dazugeben, mit Salz und Pfeffer abschmecken, kurz erhitzen.

4. Die restliche Butter in einer Pfanne aufschäumen lassen, die Krabben darin heiß schwenken. Mit Salz, Pfeffer und Zitronensaft würzen.

5. Die Spargelbündel aus dem Wasser heben, abtropfen lassen und auf dem Pilzpüree anrichten, die Krabben darüber streuen. Dazu kleine Kartoffeln oder Toastbrot servieren.

GETRÄNK: nicht zu herber Weißwein, z. B. Riesling Spätlese halbtrocken von der Mosel

FÜR ANFÄNGER
AUS BRANDENBURG

Teltower Rübchen

ZUBEREITUNG: 35 Min.
PRO PORTION CA.: 80 kcal

FÜR 4 PERSONEN:

600 g Teltower Rübchen (weiße Rüben, ersatzweise Navets)
200 ml Gemüsebrühe
2 EL Butter
1 EL Zucker
Salz

1. Die Rübchen waschen und schälen, in Viertel schneiden. Mit der Brühe in einen breiten Topf geben, aufkochen lassen und zugedeckt bei mittlerer Hitze etwa 20 Min. kochen, bis sie bissfest gegart sind (mit einer Messerspitze wie bei Kartoffeln prüfen). Dann den Deckel abnehmen und die Brühe bei stärkerer Hitze auf etwa 1 EL einkochen lassen.

2. Die Butter mit dem Zucker zu den Rübchen geben, wenden und bei mittlerer Hitze noch etwa 5 Min. dünsten, bis die Rübchen schön glänzen, dabei öfter umwenden. Mit Salz abschmecken und servieren.

GARNIEREN: mit Kerbelblättchen

FÜR ANFÄNGER
AUS NORDDEUTSCHLAND

Speckbohnen

ZUBEREITUNG: 30 Min.
PRO PORTION CA.: 135 kcal

FÜR 4 PERSONEN:

500 g zarte Brechbohnen
3 Stängel Bohnenkraut
Salz
1 Zwiebel
50 g fetter Speck
Zucker
Pfeffer, frisch gemahlen

1. Die Bohnen waschen, Stielansätze und Spitzen abschneiden. Bohnenkraut waschen. Reichlich Wasser mit 2 Stängeln Bohnenkraut aufkochen lassen, salzen und die Bohnen offen 8–12 Min. sprudelnd kochen, bis sie bissfest gegart sind. In kaltem Wasser abschrecken und in einem Sieb abtropfen lassen.

2. Die Zwiebel schälen und hacken, den Speck ganz klein würfeln. In einer großen Pfanne den Speck bei mittlerer Hitze auslassen, die Zwiebel dazugeben und alles leicht anbräunen.

3. Die Bohnen in der Pfanne schwenken und heiß werden lassen. Mit 1 Prise Zucker, Salz und Pfeffer abschmecken. Die Bohnen werden in Norddeutschland zu Matjes oder Lammkoteletts serviert.

GARNIEREN: mit dem übrigen fein gehackten Bohnenkraut

FÜR ANFÄNGER
AUS HESSEN

Gedünstete Frühlingszwiebeln

JOHANNISLAUCH

ZUBEREITUNG: 20 Min.
GARZEIT: 30 Min.
PRO PORTION CA.: 115 kcal

FÜR 4 PERSONEN:

2 große Bund Frühlingszwiebeln (möglichst Jungzwiebeln mit Grün), je 250 g
300 ml Kalbsfond (aus dem Glas)
2 EL Butter
4 EL Rosinen
Salz
weißer Pfeffer, frisch gemahlen
2 EL Mehl
Zucker
2 TL Weißweinessig
Muskatnuss, frisch gerieben

1. Die Frühlingszwiebeln waschen, die grünen Blattspitzen abschneiden und beiseite legen. Die weißen und hellgrünen Teile in 10 cm lange Stücke schneiden. Mit Brühe, Butter, Rosinen, Salz und Pfeffer aufkochen lassen, bei schwacher Hitze zugedeckt 30 Min. sachte dünsten.

2. Das Mehl mit etwas Wasser, 1 guten Prise Zucker und dem Essig glatt verrühren, zum Gemüse gießen und noch 10 Min. leise köcheln lassen. Mit Salz, Pfeffer und Muskat abschmecken. Die grünen Blattspitzen in feine Röllchen schneiden und darüber streuen.

TIPP!

Auch ganz zarte, junge Lauchstangen können auf diese Art zubereitet werden.

Die Zeiten, als es bei uns Flusskrebse im Überfluss gab, sind lange vorbei. Doch inzwischen ist Flusskrebsfleisch wieder leichter zu bekommen.

FÜR GEÜBTE
AUS BRANDENBURG

Blumenkohl mit Krebssauce

ZUBEREITUNG: 1 Std.
PRO PORTION CA.: 215 kcal

FÜR 4 PERSONEN:

- 500 g küchenfertige Flusskrebse oder mittelgroße Garnelen in der Schale
- 4 EL Butter
- 200 ml Weißwein (ersatzweise Fischfond)
- 1 großer Blumenkohl
- Salz
- 2 EL Mehl
- 350 ml Milch
- 2 EL fein geschnittener Dill
- weißer Pfeffer, frisch gemahlen
- 2 TL Zitronensaft

1. Die Flusskrebse oder Garnelen aus den Schalen pulen. 2 EL Butter in einem Topf zerlassen und die Schalen darin leicht anrösten. Den Wein und 400 ml Wasser aufgießen, bei mittlerer Hitze offen auf die Hälfte einköcheln lassen.

2. Den Blumenkohl waschen und putzen. In einen passenden Topf legen und etwa $^{1}/_{4}$ l Wasser angießen. Blumenkohl salzen, aufkochen lassen und zugedeckt bei mittlerer Hitze in etwa 25 Min. gar kochen.

3. In einem Topf 2 EL Butter zerlassen, das Mehl einrühren und einmal aufschäumen lassen. Den Topf vom Herd nehmen und kurz abkühlen lassen. Die Milch dazugeben und den Krebsfond durch ein feines Sieb dazugießen. Wieder auf den Herd stellen und unter Rühren langsam aufkochen lassen. Bei schwacher Hitze offen köcheln lassen, bis die Sauce den Rührlöffel überzieht. Dill und die Krebse einrühren, kurz erhitzen und die Sauce mit Salz, Pfeffer und Zitronensaft abschmecken.

4. Den Blumenkohl aus dem Wasser heben und auf einer Platte anrichten, mit der Krebssauce übergießen und servieren.

GARNIEREN: mit Dillzweigen

GETRÄNK: üppiger Weißwein, z. B. Weißer Burgunder Spätlese aus Sachsen

FÜR GEÜBTE
AUS SACHSEN

Leipziger Allerlei mit Krebsen

ZUBEREITUNG: 1 $^{1}/_{4}$ Std.
PRO PORTION CA.: 370 kcal

FÜR 4 PERSONEN:

- 10 g getrocknete Spitzmorcheln
- 350 g weißer Spargel
- 350 g Blumenkohlröschen
- 1 Kohlrabi
- 200 g zarte grüne Bohnen
- 250 g dünne Möhren
- 100 g kleine grüne Erbsen
- 60 g Butter
- 100 ml Weißwein (ersatzweise Gemüsebrühe)
- Zucker
- Salz
- Pfeffer, frisch gemahlen
- 200 g gegarte Flusskrebsschwänze
- 20 g Mehl
- 100 g dicke Sahne (Crème double)
- Muskatnuss, frisch gerieben

1. Die Morcheln waschen, in 1 Tasse Wasser 20 Min. einweichen. Alle Gemüse waschen. Den Spargel schälen und in 5 cm lange Stücke schneiden. Blumenkohl in ganz kleine Röschen teilen. Den Kohlrabi in bleistiftdicke Streifen schneiden.

2. In einem breiten Topf 50 g Butter mit Wein und 1 Prise Zucker aufkochen lassen, die weißen Gemüse hineingeben, leicht salzen und pfeffern und zugedeckt bei schwacher Hitze 15 Min. dünsten. Die Bohnen putzen und quer halbieren. Möhren schälen, längs halbieren und in streichholzlange Stücke schneiden. Die Morcheln aus dem Wasser nehmen und ausdrücken. Das Flusskrebsfleisch kurz kalt überbrausen, abtropfen lassen.

3. Das gare Gemüse mit einem Schaumlöffel in eine Schüssel heben. Möhren in den Sud geben, salzen und pfeffern, 5 Min. garen. Bohnen, Erbsen und Morcheln dazugeben, weitere 10 Min. garen. Alles zum gegarten Gemüse heben.

4. Das Mehl mit der restlichen Butter verkneten und in die köchelnde Brühe rühren, bis die Brühe gebunden ist. Die Sahne einrühren, mit Salz, Pfeffer und 1 Prise Muskat abschmecken. Das Gemüse in der Sauce kurz erhitzen, die Krebsschwänze darüber streuen und servieren.

GETRÄNK: Weißwein wie zum Blumenkohl

Dinkel ist ein altes Getreide, das in Hessen und Franken wieder sehr geschätzt wird. Vor allem der Dinkelreis, angeschält und vorgegart, ist so schnell gar wie normaler Reis.

Pilze in Sahnesauce

RAHMSCHWAMMERL

FÜR ANFÄNGER
AUS BAYERN

ZUBEREITUNG: 45 Min.
PRO PORTION CA.: 490 kcal

FÜR 4 PERSONEN:

600 g gemischte Pilze (Champignons, braune Egerlinge, Austernpilze, Pfifferlinge)
50 g durchwachsener Räucherspeck ohne Schwarte
1 große Zwiebel
2 Knoblauchzehen
1 EL Butter
1 EL Öl
1 Bund Petersilie
1 EL Mehl
2 EL Weinbrand (nach Belieben)
300 ml Gemüsebrühe
400 g Sahne
Salz | Pfeffer, frisch gemahlen

1. Die Pilze trocken säubern und putzen, in Scheiben schneiden. Den Speck fein würfeln. Zwiebel und Knoblauch schälen und fein hacken. In einer großen Schmorpfanne die Butter mit dem Öl erhitzen, bei schwacher bis mittlerer Hitze Zwiebel und Knoblauch in etwa 10 Min. goldgelb braten. Den Speck dazugeben und alles weitere 5 Min. braten.

2. Die Pilze in die Pfanne geben und schmoren, bis alle Flüssigkeit verdampft ist und die Pilze zu brutzeln beginnen. Inzwischen die Petersilie waschen, trockenschütteln und fein hacken. Mit dem Mehl über die Pilze streuen, unterrühren und kurz andünsten. Weinbrand nach Belieben und die Brühe aufgießen, 5 Min. kochen. Die Sahne zugießen und etwa 10 Min. einkochen lassen, bis die Sauce leicht angedickt ist. Die Rahmschwammerl mit Salz und Pfeffer abschmecken und in Suppentellern servieren. Dazu Semmelknödel (s. Seite 132) reichen.

GETRÄNK: frisches helles Bier oder ein trockener Weißwein, z. B. Riesling Spätlese aus dem Rheingau

TIPP!

»Schwammerl« heißen in Bayern alle Pilze, v. a. selbst gesammelte Waldpilze. Mit ein paar getrockneten und eingeweichten Steinpilzen können Sie das Gericht noch würziger machen.

Dinkel-Äpfel auf Sauerkraut

EBBEL AUF KRAUT

FÜR ANFÄNGER
AUS HESSEN

ZUBEREITUNG: 1 Std.
PRO PORTION CA.: 325 kcal

FÜR 4 PERSONEN:

knapp 1 Tasse Dinkelreis (etwa 70 g; im Reformhaus oder gut sortierten Supermarkt)
Salz
1 Zwiebel
2 EL Öl
2 TL Zucker
600 g Sauerkraut
6 Wacholderbeeren
1/2 TL Kümmel
300 ml Apfelwein (ersatzweise Apfelsaft)
4 große säuerliche Äpfel (z. B. Boskop, Cox Orange)
75 g Edelpilzkäse (Bergader)
1/2 Bund Petersilie
Pfeffer, frisch gemahlen
2 EL Sahne

1. Den Dinkelreis in ein Sieb geben, mit heißem Wasser abspülen und in Salzwasser in etwa 15 Min. bissfest kochen. Die Zwiebel schälen und grob würfeln. In einem Topf das Öl erhitzen und die Zwiebel darin leicht anbräunen. Mit Zucker bestreuen, das Sauerkraut dazugeben. Die Wacholderbeeren zerdrücken, mit dem Kümmel zum Kraut geben, den Apfelwein angießen und alles zugedeckt 20 Min. bei schwacher Hitze garen.

2. Inzwischen die Äpfel waschen, mit einem Kugelausstecher die Kerngehäuse und einen Teil des Fruchtfleischs entfernen, so dass die Äpfel auf der Gegenseite nicht durchbohrt werden. Das herausgelöste Fruchtfleisch klein schneiden und zum Sauerkraut geben.

3. Den Käse zerbröckeln. Die Petersilie waschen, trockenschütteln und die Blättchen fein hacken. Den Dinkelreis in ein Sieb gießen und abtropfen lassen. Mit Käse und Petersilie mischen, salzen und pfeffern, in die Äpfel füllen. Die Sahne ins Kraut rühren, die Äpfel darauf setzen und zugedeckt 15 Min. garen. Äpfel auf dem Kraut servieren.

GETRÄNK: herber Apfelwein, möglichst ein hessischer »Speierling«

TIPP!

Wenn Sie nur normale Dinkelkörner bekommen: über Nacht in Wasser einweichen, dann im Einweichwasser aufkochen lassen und 45 Min.–1 Std. garen.

Ob das Gericht wirklich seinen Ursprung im Norden hat, ist nicht so sicher. Aber auf jeden Fall schmeckt es mit Holsteiner Katenschinken am besten.

FÜR ANFÄNGER
AUS SCHLESWIG-HOLSTEIN

Porree mit Schinken

ZUBEREITUNG: 25 Min.
GARZEIT: 45 Min.
PRO PORTION CA.: 625 kcal

FÜR 4 PERSONEN:

1 kg dünne Stangen Lauch
Salz
200 g milder Schinken in Scheiben (Holsteiner Katenschinken)
200 g Butterkäse in Scheiben
200 g Sahne
2 Eigelbe
Pfeffer, frisch gemahlen
Muskatnuss, frisch gerieben
Fett für die Form

1. Den Lauch putzen, die grünen Teile entfernen und die Lauchstangen am oberen Ende einschneiden. Unter fließendem Wasser waschen und dabei den Sand zwischen den Lauchblättern entfernen. Die Lauchstangen quer halbieren.

2. Reichlich Wasser aufkochen lassen, salzen und die Lauchstangen erst 5 Min. offen kochen, dann zugedeckt bei schwacher Hitze 20 Min. garen. Den Lauch abgießen und abtropfen lassen. Den Backofen auf 200° vorheizen. Eine flache Gratinform fetten.

3. Die Schinkenscheiben quer halbieren, den Käse in ebenso große Stücke teilen. Jeweils 1 Lauchstück in 1 Schinken-, dann in 1 Käsescheibe wickeln. Dicht nebeneinander in die Form legen.

4. Die Sahne mit den Eigelben, Salz, Pfeffer und 1 guten Prise Muskat verquirlen, über die Lauchpäckchen gießen. Im Ofen (Mitte, Umluft: 180°) etwa 20 Min. überbacken, bis die Oberfläche mittelbraun ist. In der Form servieren. Als Beilagen passen Kartoffelpüree und ein bunt gemischter Salat.

GARNIEREN: mit grünen Lauchstreifen, kurz blanchiert

GETRÄNK: würziger Weißwein, z. B. Riesling Spätlese halbtrocken von der Nahe

FÜR ANFÄNGER
AUS MECKLENBURG

Möhren in Eiersauce

ZUBEREITUNG: 45 Min.
PRO PORTION CA.: 315 kcal

FÜR 4 PERSONEN:

1 kg zarte Möhren
1 EL Zucker
Salz
1 Bund Petersilie
3 EL Butter
2 EL Mehl
150 ml Weißwein (ersatzweise Gemüsebrühe)
100 g Sahne
weißer Pfeffer, frisch gemahlen
Muskatnuss, frisch gerieben
4 hart gekochte Eier

1. Die Möhren waschen, schälen und in bleistiftdicke, streichholzlange Stäbchen schneiden. In einen breiten Topf geben, knapp mit Wasser bedecken. Mit Zucker und 1 guten Prise Salz bestreuen. Die Petersilie waschen, trockenschütteln und die Blättchen beiseite legen. Die Stängel mit Küchengarn zusammenbinden und zu den Möhren geben. Alles aufkochen lassen und die Möhren zugedeckt bei schwacher Hitze 15–20 Min. dünsten, bis sie gar, aber nicht zu weich sind. Die Petersilienstängel entfernen.

2. Die Butter in einem Topf aufschäumen lassen, das Mehl darin hell andünsten. Den Topf vom Herd nehmen, den Möhrensud und den Wein aufgießen, auf den Herd stellen und aufkochen lassen, dabei ständig rühren. Die Sahne untermischen und die Sauce etwa 10 Min. einkochen lassen, bis sie schön gebunden ist.

3. Die Petersilie fein hacken. Die Möhren und die Petersilie unter die Sauce mischen, mit Salz, Pfeffer und Muskat abschmecken. Die Eier pellen, hacken und unter das Gemüse rühren, noch 1 Min. ziehen lassen, dann servieren. Passt gut mit Salzkartoffeln zu Kasseler Rippchen.

GETRÄNK: würziger Weißwein, z. B. Müller-Thurgau vom Kaiserstuhl

FÜR GEÜBTE
AUS SACHSEN

Gemüseteller mit Setzei

ZUBEREITUNG: 1 Std.
PRO PORTION CA.: 455 kcal

FÜR 4 PERSONEN:

600 g kleine fest kochende Kartoffeln
Salz
300 g Champignons
100 g Butter
1 EL Öl
Pfeffer, frisch gemahlen
getrockneter Thymian
1 EL Zitronensaft
500 g Blattspinat
500 g weißer Spargel
500 g junge Möhren
2 Kohlrabi
Zucker
100 ml Gemüsebrühe
4 Eier (Größe L)

1. Die Kartoffeln waschen und in Salzwasser etwa 25 Min. kochen. Die Champignons putzen und blättrig schneiden. In einer Pfanne 2 EL Butter mit dem Öl erhitzen und die Pilze darin bei mittlerer Hitze etwa 10 Min. braten, bis sie leicht bräunen. Mit Salz, Pfeffer, 1 Prise Thymian und Zitronensaft würzen, beiseite stellen.

2. Den Spinat gründlich waschen, putzen und tropfnass in einem heißen Topf in 2–3 Min. zusammenfallen lassen, in ein Sieb geben, kalt überbrausen und abtropfen lassen. Die garen Kartoffeln abgießen und ausdampfen lassen. Spargel, Möhren und Kohlrabi schälen, die Möhren längs vierteln, die Kohlrabi in fingerdicke Streifen schneiden.

3. Den Spargel in Salzwasser mit 1 Prise Zucker etwa 15 Min. garen. Die Möhren und die Kohlrabi in 2 EL Butter andünsten, die Gemüsebrühe angießen, mit Salz, Pfeffer und 1 Prise Zucker würzen und das Gemüse fest zugedeckt 15 Min. garen. Die Kartoffeln pellen.

4. Den Spinat fest ausdrücken, zu Plätzchen formen und in Butter kurz erhitzen. Kartoffeln und Pilze in Butter erwärmen. In einer Pfanne 2 EL Butter erhitzen und die Eier als Spiegeleier (Setzeier) braten, das Eiweiß leicht salzen.

5. Das Gemüse anrichten, die Spiegeleier dazu setzen. Die restliche Butter leicht bräunen und über das Gemüse träufeln. Gleich servieren.

GARNIEREN: mit kleinem Salatbukett

GETRÄNK: fülliger Weißwein, z. B. Goldriesling aus Sachsen

Steinpilze mit Grünkern-Pfannküchlein

STOAPILZE MIT BLÄTZJER

1. Die Pilze trocken putzen, beiseite stellen. Für das Kompott die Holunderbeeren abzupfen, waschen und abtropfen lassen. Die Zwiebel schälen und fein hacken. Den Zucker in einen Topf streuen, mit 1 EL Wasser anfeuchten und schmelzen lassen. Die Zwiebel darin bei mittlerer Hitze hell karamellisieren lassen, Holunder dazugeben. Aufkochen und etwa 10 Min. köcheln lassen, dabei die Beeren etwas zerdrücken. Mit Essig, Pastetengewürz, Salz und Pfeffer würzen, beiseite stellen.

2. Für die Pfannküchlein beide Mehlsorten mit Milch, Hefe, 1 guten Prise Salz und Zucker verrühren, das Ei zugeben und den Teig 30 Min. gehen lassen.

3. Die Pilze in Scheiben schneiden. Die Schalotten schälen und fein würfeln. In einer Pfanne 4 EL Butter erhitzen, Schalotten und Pilze darin hell anbraten, Petersilie dazugeben. 5 Min. braten, salzen und pfeffern. Zugedeckt warm stellen.

4. Eine Pfanne mit etwas Butter erhitzen und aus dem Hefeteig nach und nach kleine Pfannküchlein (»Blätzjer«) backen. Auf Tellern mit den Steinpilzen und dem lauwarmen Holunder-Kompott anrichten.

GARNIEREN: mit Petersilienzweigen

GETRÄNK: fruchtiger, nicht zu schwerer Rotwein, z. B. Spätburgunder trocken von der Hessischen Bergstraße

FÜR GEÜBTE
AUS DEM ODENWALD

ZUBEREITUNG: 1 Std.
PRO PORTION CA.: 420 kcal

FÜR 4 PERSONEN:

Für die Pilze:
300 g frische Steinpilze
2 Schalotten
1 EL gehackte Petersilie

Für das Kompott:
500 g Holunderbeeren
1 Zwiebel | 50 g Zucker
75 ml Apfelessig
$^1/_2$ TL Pastetengewürz

Für die Pfannküchlein:
100 g Grünkernmehl
100 g Mehl | 300 ml Milch
10 g frische Hefe | Zucker
1 Ei (Größe M)

Außerdem:
6 EL Butter zum Braten
Salz | Pfeffer, frisch gemahlen

Ob Knödel oder Klöße – neben Kartoffeln sind sie die wichtigsten Beilagen zu Gerichten mit viel Sauce.

FÜR ANFÄNGER
AUS DER PFALZ

Kartoffelklöße »halb und halb«

HOORIGE KNEPP

ZUBEREITUNG: 25 Min.
RUHEZEIT: 30 Min.
GARZEIT: 25 Min.
PRO PORTION CA.: 270 kcal

FÜR 4 PERSONEN:

500 g mehlig kochende, gegarte Kartoffeln vom Vortag
500 g mehlig kochende, rohe Kartoffeln
2 Eier (Größe M)
100 g Mehl und Mehl zum Formen
Salz
Muskatnuss, frisch gerieben

1. Die gekochten Kartoffeln pellen und durch die Kartoffelpresse drücken. Die rohen Kartoffeln schälen und nicht zu fein reiben, auf ein Tuch geben und fest auspressen, den Saft auffangen. Beide Kartoffelmassen mit Eiern, Mehl, Salz und etwas Muskat vermischen.

2. Wenn sich die Stärke in dem Kartoffelsaft abgesetzt hat, die klare Flüssigkeit abgießen und die Stärke unter den Kartoffelteig mischen. Den Teig 30 Min. kühl stellen.

3. Reichlich Wasser aufsetzen. Den Kartoffelteig auf einer bemehlten Fläche zu einer Rolle formen und in 8 gleich große Stücke teilen, zu Klößen drehen. Das Wasser salzen und die Klöße einlegen, bei schwacher Hitze (das Wasser darf nicht kochen) in 25 Min. gar ziehen lassen. Abtropfen lassen und servieren. Die hellen Klöße auf dem oberen Teller sind Kartoffelklöße.

FÜR ANFÄNGER
AUS BAYERN

Semmelknödel

ZUBEREITUNG: 30 Min.
RUHEZEIT: 30 Min.
PRO PORTION CA.: 285 kcal

FÜR 4 PERSONEN:

6 Semmeln (Brötchen) vom Vortag, etwa 240 g (oder Knödelbrot)
gut 200 ml Milch
1 kleine Zwiebel
1/2 Bund Petersilie | 1 EL Butter
2 große Eier (Größe L)
Salz | Pfeffer, frisch gemahlen
Semmelbrösel nach Bedarf

1. Die Semmeln (sie sollen schon recht trocken sein) in ganz dünne Scheiben schneiden. Die Milch etwas erhitzen und über die Semmeln oder das Knödelbrot gießen. Die Zwiebel schälen und fein würfeln. Die Petersilie waschen, trockenschütteln und die Blättchen fein hacken.

2. Die Butter erhitzen und die Zwiebel darin glasig dünsten. Die Petersilie kurz mitbraten, zu den Semmeln geben. Kurz abkühlen lassen, dann die Eier untermischen, mit Salz und Pfeffer würzen und zu einem nicht zu glatten Teig verkneten. Falls er zu weich ist, noch Semmelbrösel untermischen. Zugedeckt 30 Min. ruhen lassen.

3. Reichlich Wasser aufsetzen. Aus dem Semmelteig mit angefeuchteten Händen 16 gut golfballgroße Knödel formen. Das kochende Wasser salzen, die Knödel einlegen und offen bei schwacher Hitze in 15 Min. garen, das Wasser darf nicht kochen. Abtropfen lassen und servieren.

FÜR ANFÄNGER
AUS SÜDHESSEN

Hefekklöß

ZUBEREITUNG: 20 Min.
RUHEZEITEN: 1 Std.
GARZEIT: 20 Min.
PRO PORTION CA.: 375 kcal

FÜR 4 PERSONEN:

350 g Mehl (Type 550)
1/2 Päckchen frische Hefe
knapp 200 ml lauwarme Milch
2 EL Schweineschmalz | Salz
Mehl zum Arbeiten

1. Das Mehl in eine Schüssel füllen. Die Hefe in Milch auflösen. Mit dem Schmalz und etwas Salz zum Mehl geben, alles zu einem glatten Teig verkneten. Zugedeckt an einem warmen Platz in etwa 30 Min. gut aufgehen lassen.

2. Den Teig nochmals durchkneten und zu 8 gleich großen Klößen formen. Auf eine bemehlte Fläche legen, zugedeckt 30 Min. gehen lassen.

3. In einem breiten Topf reichlich Wasser aufsetzen. Wenn es kocht, salzen und die Knödel einlegen. Zugedeckt bei schwacher Hitze 20 Min garen, das Wasser soll dabei ganz leise rauschen, aber nicht kochen. Die garen Klöße aus dem Wasser heben und sofort mit zwei Gabeln kreuzförmig aufreißen, damit der Dampf entweichen kann und die Klöße locker bleiben.

Wir Deutschen lieben Kartoffeln, und es ist immer wieder erstaunlich, in welch vielfältigen Formen sie auf den Teller kommen.

FÜR ANFÄNGER
AUS BERLIN

GARZEIT: 25 Min.
ZUBEREITUNG: 15 Min.
PRO PORTION CA.: 155 kcal

FÜR 4 PERSONEN:

750 g vorwiegend fest kochende Kartoffeln
gut 1/4 l kräftige Brühe
2 EL Butter
2 EL Schnittlauch in feinen Röllchen
Salz
Muskatnuss, frisch gerieben

Stampfkartoffeln

1. Die Kartoffeln waschen, schälen und vierteln. Mit der Brühe aufsetzen und in 20–25 Min. gar kochen, dabei ab und zu wenden und bei Bedarf etwas Wasser nachgießen.

2. Die Kartoffeln im Topf mit dem Kartoffelstampfer grob zerdrücken. Die Butter und den Schnittlauch unterrühren und die Stampfkartoffeln mit Salz und Muskat abschmecken.

TIPP!
Die Stampfkartoffeln schmecken besonders zu gebratener Leber oder Nieren, aber auch zu Bratwürsten oder Schnitzel natur.

FÜR ANFÄNGER
AUS DEM HARZ

ZUBEREITUNG: 20 Min.
GARZEIT: 1 Std.
PRO PORTION CA.: 250 kcal

FÜR 4 PERSONEN:

1 kg mittelgroße vorwiegend fest kochende Kartoffeln
Salz
Pfeffer, frisch gemahlen
6 EL Öl
2 EL Kümmelsamen

Kümmel-Kartoffeln aus dem Ofen

HARZER KNÜSTE

1. Den Backofen auf 175° vorheizen. Die Kartoffeln sehr gründlich waschen und mit einer Bürste säubern, längs halbieren. Die Schnittflächen mit Salz und Pfeffer würzen und 3 EL Öl bestreichen.

2. Mit dem übrigen Öl ein Backblech bestreichen, den Kümmel darauf streuen und die Kartoffeln mit den Schnittflächen darauf legen. Die Kartoffeln im Ofen (Mitte, Umluft: 160°) etwa 45 Min. garen.

3. Dann die Hitze auf 220° (Umluft: 200°) erhöhen, die Kartoffeln umdrehen und noch 10–15 Min. backen, bis sie schön gebräunt sind. Heiß servieren.

TIPP!
Die »Knüste« schmecken sehr gut zu pikantem Kräuterquark.

FÜR ANFÄNGER
AUS DEM SAARLAND

ZUBEREITUNG: 30 Min.
PRO PORTION CA.: 240 kcal

FÜR 4 PERSONEN:

1 kg mehlig kochende Kartoffeln
1 Zwiebel | 1 Ei (Größe M)
Salz | Pfeffer, frisch gemahlen
3 EL Schweine- oder Butterschmalz

Zerrupfte Kartoffelpuffer

DIBBELABBES

1. Die Kartoffeln waschen und schälen, auf einer Gemüsereibe nicht zu fein reiben. Die Raspeln in ein Tuch geben und fest ausdrücken. Die Zwiebel schälen und sehr fein hacken, zu der Kartoffelmasse geben. Das Ei zugeben, mit Salz und Pfeffer kräftig würzen und alles gut durchmischen.

2. In einem breiten Topf oder einer Pfanne das Schmalz erhitzen, den Kartoffelteig hineingeben und bei mittlerer Hitze unter Wenden und Zerpflücken etwa 15 Min. braten, bis sich viele gut gebräunte Krusten gebildet haben. Heiß servieren. Die Kartoffelpuffer sind auf dem Bild rechts abgebildet.

Nachtische und Kuchen

Süß und saftig, fruchtig und knusprig

138 Rote Beerengrütze
138 Salbeimäuschen
141 Hefebrot und Bröckchen mit Milchkaffee
142 Kirschen mit Weinschaum
142 Rotweincreme
144 Feiertags-Nachtisch mit zwei Saucen
144 Gefüllte Pflaumen mit Karamellsauce
146 Eierbrötchen mit Pflaumenkompott
146 Bayerische Creme mit Kirschsauce
148 Buttermilchplinsen
148 Spätzle mit Mohn
150 Johannisbeer-Baiser-Kuchen
151 Blechkuchen mit Zwetschgen
152 Schokoladenkuchen
152 Apfelkuchen mit Sahneguss

Servieren Sie die Salbeimäuschen mit einem Pfirsichpüree: 500 g Pfirsiche entsteinen (oder Dosenpfirsiche nehmen) und in Stücke schneiden. In 75 g Zucker dünsten, bis sie zerfallen. Durch ein Sieb streichen und abkühlen lassen.

FÜR ANFÄNGER
AUS SCHLESWIG-HOLSTEIN

Rote Beerengrütze

ROTE GRÜTT

ZUBEREITUNG: 25 Min.
KÜHLZEIT: 1 Std.
PRO PORTION CA.: 180 kcal

FÜR 4 PERSONEN:

- 500 g gemischte rote Beeren (Erdbeeren, Himbeeren, Johannisbeeren) und Kirschen
- 1/4 l roter Traubensaft
- 4 EL Zucker
- 2 EL Speisestärke
- 200 g saure Sahne

1. Die Beeren waschen und entstielen, die Kirschen entkernen. Große Früchte halbieren.

2. In einem möglichst hohen Topf (die Grütze spritzt) den Traubensaft mit den Beeren aufkochen lassen, den Zucker einstreuen und die Beeren offen 10 Min. sprudelnd kochen lassen, dabei öfter umrühren.

3. Die Stärke mit etwa 1/2 Tasse kaltem Wasser glatt anrühren, zu den Beeren gießen und kräftig rührend noch einmal aufkochen lassen. Die Grütze auf Portionsschälchen verteilen und etwa 1 Std. kühl stellen.

4. Zum Servieren die saure Sahne glatt rühren und über die Grütze verteilen.

GARNIEREN: mit Zitronenmelisseblättchen

GETRÄNK: ein nicht zu herber Rotwein, z. B. Spätburgunder Spätlese von der Ahr

VARIANTE: Für eine **Hamburger Rote Grütze** die Beeren mit dem Mark von 1 Vanilleschote aromatisieren, die gekochten Beeren in ein Tuch geben, über eine Schüssel hängen und über Nacht den Saft abtropfen lassen. Den Saft mit Speisestärke binden. Diese klare Grütze mit leicht geschlagener süßer Sahne servieren.

FÜR ANFÄNGER
AUS BADEN

Salbeimäuschen

ZUBEREITUNG: 20 Min.
RUHEZEIT: 30 Min.
PRO PORTION CA.: 325 kcal

FÜR 4 PERSONEN:

- 1 großes Bund Salbei
- 200 g Mehl (Type 550)
- 150 ml helles Bier, Sekt oder Mineralwasser
- 2 kleine Eier (Größe S)
- 1 EL Öl
- Salz
- 4 EL Puderzucker
- Butterschmalz oder Öl zum Frittieren

1. Vom Salbei die Blätter abzupfen.

2. Das Mehl nach und nach mit dem Bier, Sekt oder Wasser verrühren, dann die Eier, das Öl und 1 Prise Salz unterrühren, 30 Min. quellen lassen.

3. Das Butterschmalz oder Öl in einem Topf oder in der Fritteuse auf etwa 175° erhitzen. Die Salbeiblätter portionsweise an den Stielchen in den Teig tauchen und die Blätter im siedenden Öl hellbraun ausbacken. Mit einem Schaumlöffel herausheben, abtropfen lassen und auf Küchenpapier entfetten.

4. Die Salbeimäuschen mit Puderzucker bestreuen und warm essen.

GETRÄNK: Kaffee oder ein nicht zu herber Sekt

TIPP!

Wenn Sie kein Fett-Thermometer haben, können Sie mit einem Teigtropfen (das Fett schäumt dann leicht) prüfen, ob es die richtige Temperatur hat. Ist es zu kalt, saugt der Teig zu viel Fett auf; ist es zu heiß, bräunt der Teig zu rasch.

In Westfalen gab es früher »Knabbeln«, das sind geröstete Hefebrotbröckchen, mit Milchkaffee übergossen als erstes Frühstück. Seit sich der Weinbrand in das Rezept eingeschlichen hat, taugt es eher als Dessert für Erwachsene.

Hefebrot und Bröckchen mit Milchkaffee

STUTEN UND KNABBELN UN BESCHÜTT

1. Für das Hefebrot (Stuten) das Mehl in eine Schüssel füllen, eine Mulde eindrücken und die Hefe einbröckeln. Mit dem Zucker und etwas Milch verrühren, an einem warmen Ort 30 Min. gehen lassen. Die restliche Milch, Salz und das Schmalz dazugeben und alles so lange verkneten, bis sich der Teig vom Schüsselrand löst (Step 1). Zugedeckt 30 Min. gehen lassen.

2. Ein Backblech fetten. Den Teig zu einem Brotlaib formen, auf das Blech legen, nochmals 30 Min. gehen lassen. Den Backofen auf 200° vorheizen. Den Stuten im Ofen (Mitte, Umluft: 180°) 50 Min.–1 Std. backen, bis er schön gebräunt ist. Auf einem Kuchengitter abkühlen lassen. Etwa die Hälfte vom Stuten in dicke Scheiben schneiden und über Nacht trocknen lassen.

3. Für die »Knabbeln« am nächsten Tag den Backofen auf 175° vorheizen. Die Stutenscheiben in gut walnussgroße Stücke brechen (Step 2) und auf einem Backblech ausbreiten. Im Ofen (Umluft: 150°) in 15–20 Min. goldgelb rösten. Auf einem Kuchengitter abkühlen lassen.

4. Für die »Knabbeln un Beschütt« 250 g von den Knabbeln in Schälchen verteilen, mit Zucker und 1 guten Prise Zimt bestreuen, mit dem Weinbrand beträufeln. Die Milch erhitzen, mit dem heißen Kaffee vermischen und über die Knabbeln gießen (Step 3). Heiß servieren.

GARNIEREN: mit Schlagsahnetupfen und etwas geraspelter Schokolade

TIPPS!

Für die »Knabbeln« brauchen Sie nur etwa die Hälfte des Stutens, den Rest können Sie frisch mit Butter und westfälischem Schinken essen. Die gerösteten Brotbröckchen sind, trocken und luftig aufbewahrt, mehrere Monate haltbar (in Westfalen gibt es sie auch als Mitbringsel zu kaufen).

1. Den Teig so lange kneten, bis er ganz glatt und geschmeidig und die Schüssel sauber ist.

2. Die trockenen Brotscheiben in gut walnussgroße Stücke brechen, auf einem Backblech hell rösten.

3. Die Knabbeln mit »Beschütt«, heißem Milchkaffee, gleichmäßig beträufeln und weichen lassen.

FÜR GEÜBTE
AUS WESTFALEN

ZUBEREITUNG: 45 Min.
GEHZEITEN: $1\,^1/_2$ Std.
BACKZEITEN: 1 Std. 20 Min.
TROCKNEN: über Nacht
BEI 20 SCHEIBEN PRO SCHEIBE CA.: 20 kcal

FÜR 6 PERSONEN:

Für den Stuten:

- 500 g Mehl (Type 550)
- 1 Päckchen frische Hefe
- 1 TL Zucker
- 320 ml lauwarme Milch
- 1 TL Salz
- 30 g weiches Schweineschmalz oder Butterschmalz
- Fett für das Blech

BEI 6 PERSONEN PRO PERSON: 145 kcal

Für Knabbeln un Beschütt:

- 250 g trockene »Knabbeln« (s. Step 3)
- 90 g Zucker
- Zimtpulver
- 6 EL Weinbrand (nach Belieben)
- 300 ml Milch
- 300 ml starker heißer Kaffee

Überall, wo Wein angebaut wird, werden auch Desserts damit zubereitet. Am liebsten schön schaumig und cremig.

FÜR ANFÄNGER
AUS SACHSEN

Kirschen mit Weinschaum

ZUBEREITUNG: 35 Min.
ABKÜHLZEIT: 1 Std.
PRO PORTION CA.: 350 kcal

FÜR 4 PERSONEN:

600 g Sauerkirschen
150 g Zucker
1/4 l milder Weißwein
4 frische Eier (Größe S)
1 Päckchen Vanillezucker
2 EL Zitronensaft

1. Die Kirschen waschen und entsteinen, in einen Topf geben und mit 100 g Zucker bestreuen. Etwa 2 EL Wein dazugeben und alles bis zum Siedepunkt erhitzen. Zugedeckt bei schwacher bis mittlerer Hitze 10 Min. dünsten, dann die Kirschen im Topf etwa 1 Std. abkühlen lassen.

2. In einer halbrunden Metallschüssel den restlichen Wein mit den übrigen 50 g Zucker verrühren, bis sich der Zucker aufgelöst hat. Eier, Vanillezucker und Zitronensaft zugeben und verquirlen, über ein leise köchelndes Wasserbad setzen und mit einem Schneebesen so lange schlagen, bis eine dicke cremige Schaumsauce entstanden ist.

3. Die Schüssel in kaltes Wasser stellen und weiterschlagen, bis die Sauce nur noch lauwarm ist.

4. Die Kirschen auf Dessertteller verteilen und mit dem Weinschaum übergießen. Lauwarm servieren.

GARNIEREN: mit Schokoladenraspeln bestreuen

TIPP!
Die Schokoladenraspeln von einer gekühlten Tafel Schokolade mit einem Sparschäler abziehen.

FÜR ANFÄNGER
AUS FRANKEN

Rotweincreme

ZUBEREITUNG: 30 Min.
KÜHLZEIT: 4 Std.
PRO PORTION CA.: 365 kcal

FÜR 4 PERSONEN:

3 frische Eier (Größe M)
80 g Zucker
6 Blatt rote Gelatine
375 ml milder Rotwein
2 unbehandelte Zitronen
200 g Sahne

1. Die Eier trennen. Die Eigelbe mit dem Zucker weiß-schaumig schlagen. Die Gelatine in kaltem Wasser einweichen, bis sie weich ist, dann aus dem Wasser nehmen, leicht ausdrücken und in einem kleinen Topf mit wenig Wasser bei schwacher Hitze auflösen. Unter die Eigelbmasse rühren. Den Wein dazugeben, etwas Zitronenschale dazureiben. Die Zitronen auspressen und den Saft zugießen, gut vermischen. Die Creme in den Kühlschrank stellen, bis sie leicht dicklich wird.

2. Die Eiweiße und die Sahne getrennt steif schlagen. Etwas Schlagsahne zum Garnieren beiseite stellen, die restliche Sahne mit dem Eischnee unter die Weinmasse heben. Die Mischung in den Kühlschrank stellen, bis die Creme fest geworden ist.

3. Die feste Rotweincreme mit einem Löffel zu Nocken abstechen und auf Desserttellern anrichten.

GARNIEREN: mit der restlichen Sahne und frischen Beeren

Kirschbäume, die so schön blühen, versprechen eine reiche Ernte für den Frühsommer.

Pflaume oder Zwetschge? Pflaumen sind rundlicher und haben eine »Naht«, die Zwetschgen sind länglicher, ohne »Naht«, doch löst sich der Stein leichter.

FÜR ANFÄNGER
AUS SACHSEN

ZUBEREITUNG: 30 Min.
ABKÜHLZEIT: 1 Std.
PRO PORTION CA.: 380 kcal

FÜR 4 PERSONEN:

- 4 Scheiben Kastenkuchen (Sandkuchen), je 50 g
- 4 EL Weinbrand (ersatzweise Apfelsaft)
- 2 EL Johannisbeerkonfitüre

Für die Saucen:

- 1/2 l Milch
- 20 g Speisestärke
- 4 EL Zucker
- 1 Päckchen Vanillezucker
- 25 g geraspelte Zartbitter-Schokolade

Feiertags-Nachtisch mit zwei Saucen

1. Die Kuchenscheiben in große Würfel schneiden, in Dessertschalen verteilen. Den Weinbrand mit der Konfitüre verrühren, darüber träufeln und etwas einziehen lassen.

2. Für die Saucen etwa 4 EL Milch mit der Speisestärke und dem Zucker glatt verrühren. Die restliche Milch aufkochen lassen, die Stärke-Zucker-Milch mit dem Schneebesen einrühren und einmal aufwallen lassen.

3. Die heiße Milch auf zwei Schüsselchen verteilen, unter die eine Hälfte den Vanillezucker, unter die andere Hälfte die Schokolade rühren. Unter öfterem Rühren (damit sich keine Haut bildet) abkühlen lassen.

4. Die Vanille- und die Schokoladensauce dekorativ über die marinierten Kuchenwürfel gießen und servieren.

GARNIEREN: mit wenig Schokoraspeln oder Zimtpulver bestreuen

TIPP!

Die Vanillesauce schmeckt noch raffinierter, wenn Sie nach dem Abkühlen 2 EL Eierlikör unterrühren.

FÜR ANFÄNGER
AUS SCHLESWIG-HOLSTEIN

ZUBEREITUNG: 30 Min.
PRO PORTION CA.: 330 kcal

FÜR 4 PERSONEN:

- 500 g dicke Pflaumen oder Zwetschgen
- 50 g Haselnüsse
- 20 g Zucker
- 1 TL Zitronensaft
- 1 TL Rosenwasser (Apotheke oder Asienladen)

Für die Karamellsauce:

- 20 g Butter
- 2 EL Zucker
- 50 g Orangenmarmelade
- 100 ml frisch gepresster Orangensaft
- 100 g Sahne
- 1 Msp. Zimtpulver

Gefüllte Pflaumen mit Karamellsauce

1. Die Pflaumen waschen, mit einem Tuch trockenreiben und vorsichtig seitlich aufschlitzen, die Steine entfernen.

2. Die Haselnüsse mit dem Zucker im Blitzhacker staubfein zerkleinern. Mit Zitronensaft und Rosenwasser zu einer festen Masse kneten. Die Höhle in den Pflaumen mit der Nussmasse füllen, die Pflaumen zudrücken.

3. Für die Sauce in einem flachen Topf die Butter schmelzen lassen, den Zucker einstreuen und unter Rühren mittelbraun karamellisieren lassen. Die Orangenmarmelade dazugeben, Orangensaft und Sahne zugießen, unter Rühren um etwa ein Drittel einkochen lassen. Die Sauce mit Zimt würzen, die Pflaumen einlegen und zugedeckt etwa 10 Min. bei mittlerer Hitze dünsten, bis sie weich sind, aber noch nicht zerfallen.

4. Die Pflaumen auf Desserttellern anrichten und mit der Sauce übergießen. Warm servieren.

GARNIEREN: mit Zitronenmelisseblättchen

GETRÄNK: eleganter edelsüßer Weißwein, z. B. Riesling Beerenauslese vom Mittelrhein

TIPP!

Besonders schön sieht der Nachtisch aus, wenn Sie noch 1 Kugel Walnusseis dazusetzen.

Ob sie »Arme Ritter« oder »Kartäuserklöße«, »Wetzsteine« oder »Bauernhasen« genannt werden – als süßes Hauptgericht sind sie in ganz Deutschland beliebt.

FÜR ANFÄNGER
AUS SACHSEN

Eierbrötchen mit Pflaumenkompott

ZUBEREITUNG: 45 Min.
PRO PORTION CA.: 610 kcal

FÜR 4 PERSONEN:

- 500 g Pflaumen oder Zwetschgen
- 175 g Zucker
- 1 kleine Zimtstange
- 2 Gewürznelken
- 6 längliche Brötchen vom Vortag
- 1/2 l Milch
- Salz
- 2 kleine Eier (Größe S)
- 4 EL Butter
- 1 TL Zimtpulver
- 2 EL Weinbrand (nach Belieben)
- Semmelbrösel zum Panieren

1. Für das Kompott die Pflaumen waschen, halbieren und entsteinen. In einem Topf mit 100 g Zucker bestreuen, Zimt und Nelken dazugeben und etwa 30 Min. Saft ziehen lassen. Dann die Pflaumen mit ein wenig Wasser langsam aufkochen und offen etwa 10 Min. leise köcheln lassen, bis sie weich sind.

2. Inzwischen von den Brötchen die Kruste abreiben (aufheben), die Brötchen längs halbieren. Die Milch mit 1 Prise Salz und 2 EL Zucker erhitzen, über die Brötchen träufeln und 10 Min. ziehen lassen, ab und zu umdrehen, aber nicht zu weich werden lassen.

3. Die Brötchen herausheben und abtropfen lassen. Die Eier in einem tiefen Teller verquirlen. Die Semmelbrösel mit der abgeriebenen Brötchenkruste in einem zweiten Teller mischen.

4. In einer Pfanne die Butter aufschäumen lassen. Die Brötchen erst in Ei, dann in den Böseln wenden und in der heißen Butter rundum braun braten. Den restlichen Zucker (etwa 3 EL) mit dem Zimt mischen, einen Teil über die Eierbrötchen streuen. Das Pflaumenkompott mit Weinbrand abschmecken, mit dem restlichen Zimtzucker zu den Eierbrötchen servieren.

GETRÄNK: kraftvoller Weißwein mit genügend Säure, z. B. Traminer Auslese vom Schloss Proschwitz aus Sachsen

FÜR GEÜBTE
AUS BAYERN

Bayerische Creme mit Kirschsauce

ZUBEREITUNG: 45 Min.
KÜHLZEIT: 6 Std.
PRO PORTION CA.: 470 kcal

FÜR 4 FÖRMCHEN À 175 ML:

- 2 Blatt helle Gelatine
- 3 frische Eigelbe (Größe M)
- 65 g Zucker
- 1 Päckchen Bourbon-Vanillezucker
- 300 g Sahne

Für die Kirschsauce:

- 350 g süße Kirschen
- 4 EL Zucker
- 100 ml milder Rotwein (ersatzweise Kirschsaft)
- 1 EL Kirschwasser (nach Belieben)

1. Die Förmchen gut kühlen. Die Gelatine in kaltem Wasser 5 Min. einweichen. In einer Schüssel Eigelbe, Zucker und Vanillezucker mit dem Schneebesen dickschaumig aufschlagen, bis sich der Zucker aufgelöst hat.

2. Die Gelatine in einem Töpfchen tropfnass bei schwacher Hitze auflösen, einige EL Sahne unterrühren und die Mischung unter die Eigelbmasse rühren. Die übrige Sahne steif schlagen und unter die Eicreme heben. Die Creme in die gekühlten Förmchen füllen und zugedeckt etwa 6 Std. kalt stellen.

3. Für die Kirschsauce die Kirschen waschen und entsteinen. Den Zucker in einen Topf streuen und mit ein paar Tropfen Wasser befeuchten. Bei mittlerer Hitze köcheln lassen, bis der Zucker honigfarben karamellisiert ist. Den Rotwein vorsichtig angießen (es spritzt!) und aufkochen lassen, bis sich der Karamell aufgelöst hat. Kirschen und Kirschwasser dazugeben und unter Schwenken kurz erhitzen, die Kirschen sollen nur gut heiß werden.

4. Zum Servieren die Förmchen kurz in heißes Wasser halten, die Creme mit einem Messer vorsichtig vom Rand lösen und auf Teller stürzen. Mit der Kirschsauce umgießen.

GETRÄNK: edelsüßer Weißwein, z. B. Winkeler Hasensprung Riesling Spätlese edelsüß aus dem Rheingau

Plinsen sind kleine Pfannkuchen, für die der Teig in Mecklenburg mit Buttermilch angerührt wird. In Sachsen werden Küchlein aus Hefeteig so genannt.

FÜR ANFÄNGER
AUS MECKLENBURG

Buttermilchplinsen

ZUBEREITUNG: 35 Min.
PRO PORTION CA.: 415 kcal

FÜR 4 PERSONEN:

3 EL Butter
200 g Mehl
75 g Zucker
175 g Buttermilch
Salz
3 Eier (Größe M)
350 g gemischte Beeren (Himbeeren, Brombeeren, Rote und Schwarze Johannisbeeren, Erdbeeren, ersatzweise TK-Beerenmischung)
Butter zum Braten
Puderzucker zum Bestreuen

1. Die Butter zerlassen und abkühlen lassen. Das Mehl in eine Schüssel geben und mit 45 g Zucker, der Buttermilch und 1 Prise Salz verrühren. Die abgekühlte Butter untermischen, dann die Eier unterquirlen. Den Teig 15 Min. quellen lassen.

2. Die Beeren kurz in stehendem Wasser waschen, gut abtropfen lassen und putzen, die Johannisbeeren mit einer Gabel von den Rispen streifen. Die Erdbeeren je nach Größe halbieren oder vierteln. Die Beeren mit dem restlichen Zucker mischen.

3. In einer großen Pfanne etwas Butter erhitzen. Für jede Plinse etwa 2 EL Teig in die Pfanne geben und zu 7 cm großen Plätzchen ausstreichen. Auf beiden Seiten in je 5 Min. goldbraun backen.

4. Die heißen Plinsen mit Puderzucker bestreuen und auf Desserttellern anrichten. Mit den gezuckerten Beeren garnieren.

GETRÄNK: Milchkaffee oder Fruchtsaft

FÜR GEÜBTE
AUS SCHWABEN

Spätzle mit Mohn

ZUBEREITUNG: 45 Min.
PRO PORTION CA.: 660 kcal

FÜR 4 PERSONEN:

300 g Mehl
3 Eier (Größe M)
Salz
100 g Butter
75 g Zucker
75 g Mohn (frisch gemahlen oder küchenfertig vakuumverpackt)

1. Für die Spätzle das Mehl mit etwa 100 ml kaltem Wasser, den Eiern und 1 Prise Salz zu einem glatten, zähflüssigen Teig verrühren. Den Backofen auf 75° (Umluft: 50°) vorheizen, eine Schüssel darin vorwärmen.

2. Reichlich Wasser aufkochen lassen, salzen. Den Teig durch eine Spätzlepresse portionsweise ins kochende Wasser drücken oder jeweils etwas Teig auf ein nasses Holzbrett streichen und mit einem immer wieder angefeuchteten Messer schmale Streifen ins kochende Wasser schieben. Sobald die Spätzle an der Oberfläche schwimmen, mit einem Schaumlöffel herausheben, abtropfen lassen und in der Schüssel im Ofen warm stellen.

3. Nebenbei in einem Töpfchen die Butter zerlassen, 3–4 EL Wasser dazugeben, den Zucker einrühren und schmelzen lassen. Den Mohn einrühren und in 3–4 Min. erhitzen.

4. Die Spätzle auf Teller verteilen und mit der heißen Mohnbutter übergießen, gleich servieren.

GARNIEREN: Tellerrand mit etwas Zimtpulver bestreuen

GETRÄNK: schwäbischer »Most« (Apfel-Birnen-Saft) oder württembergischer Schillerwein (Rosé)

FÜR GEÜBTE
AUS BAYERN

ZUBEREITUNG: 30 Min.
BACKEN: 50 Min.
PRO PORTION CA.: 205 kcal

FÜR 1 SPRINGFORM VON 26 CM Ø (8 STÜCK):

375 g Rote Johannisbeeren
65 g weiche Butter
50 g Zucker
1 TL Vanillezucker
1 Ei (Größe M)
100 g Mehl
1 TL Backpulver
Salz
Fett für die Form

Für die Schaummasse:

2 Eiweiß
1/2 TL Zitronensaft
75 g Zucker

Johannisbeer-Baiser-Kuchen

WEIBIERLKUACHA

1. Die Johannisbeeren waschen, die Beeren mit einer Gabel abstreifen und in einem Sieb sehr gut abtropfen lassen.

2. Die weiche Butter cremig rühren, Zucker und Vanillezucker dazugeben und weiter kräftig rühren, bis sich der Zucker aufgelöst hat. Dann erst das Ei unterrühren. Mehl mit Backpulver und 1 Prise Salz mischen und unterziehen.

3. Den Backofen auf 180° vorheizen. Die Form gut fetten (eventuell den Formrand mit Backpapier auslegen). Den Teig darauf etwa 1 cm dick ausstreichen und im Ofen (Mitte, Umluft: 160°) in etwa 20 Min. goldgelb backen.

4. Für die Schaummasse die Eiweiße mit Zitronensaft zu sehr festem Schnee schlagen, dabei nach und nach den Zucker dazurieseln lassen. Im letzten Moment die Johannisbeeren unterheben. Die Schaummasse auf dem vorgebackenen Teigboden verstreichen, in weiteren 25–30 Min. goldgelb backen.

5. Die Torte etwa 10 Min. abkühlen lassen, aus der Form nehmen und auf einem Kuchengitter ganz auskühlen lassen.

VARIANTE: In Schwaben wird der »Weibierlkuacha« (Weinbeerenkuchen) »Träubleskuchen« genannt und mit einem **Mürbeteigboden** (aus 200 g Mehl, 2 EL Zucker, 1 TL Backpulver, 1 Ei und 100 g Butter) gebacken.

Blechkuchen mit Zwetschgen

QUETSCHEKUCHE

1. Das Mehl in eine Schüssel füllen, eine Mulde eindrücken und die Hefe einbröckeln. Mit 1 Prise Zucker und 4 EL Milch verrühren, mit etwas Mehl bestäuben und an einem warmen Ort 15 Min. gehen lassen. Dann Butter, Ei, 1 gute Prise Salz, den restlichen Zucker und die Milch dazugeben und alles zu einem glatten, geschmeidigen Teig kneten. Die Schüssel mit einem Tuch bedecken und den Teig 30 Min. warm gehen lassen.

2. Für den Belag die Zwetschgen waschen und trockentupfen. Längs aufschlitzen und entsteinen. Die Zwetschgen noch 2-mal senkrecht bis fast zur Mitte einschneiden und aufklappen.

3. Den Backofen auf 200° vorheizen. Das Backblech fetten. Den Hefeteig auf bemehlter Fläche in Größe des Backblechs ausrollen, auf das Blech legen und einen kleinen Rand formen. Die Zwetschgen mit der Hautseite nach unten dachziegelartig darauf verteilen, leicht andrücken.

4. Den Kuchen im Ofen (Mitte, Umluft: 180°) etwa 30 Min. backen, bis der Teigrand gut gebräunt ist. Aus dem Ofen nehmen und die Zwetschgen mit Zucker bestreuen. Etwas abkühlen lassen und zu Kartoffelsuppe (s. Seite 68) oder mit leicht gesüßter Schlagahne zum Nachmittagskaffee servieren.

VARIANTE: Für einen **Streuselkuchen** 200 g Mehl mit 100 g Butter, 100 g Zucker und 1 TL Zimtpulver zu Krümeln zerbröseln und über den Hefeteig streuen, backen.

FÜR ANFÄNGER
AUS DER PFALZ

ZUBEREITUNG: 50 Min.
BACKEN: 30 Min.
PRO PORTION CA.: 140 kcal

FÜR 1 BACKBLECH VON 30 X 40 CM (20 STÜCK):

400 g Mehl
1/2 Würfel Hefe
40 g Zucker
knapp 1/4 l lauwarme Milch
60 g weiche Butter
1 kleines Ei (Größe S)
Salz
Fett für das Blech
Mehl zum Ausrollen

Für den Belag:

1 kg Zwetschgen
2–3 EL Zucker

FÜR GEÜBTE
AUS DANZIG

ZUBEREITUNG: 35 Min.
RUHEZEIT: 30 Min.
BACKEN: 30 Min.
PRO PORTION CA.: 280 kcal

FÜR 1 SPRINGFORM VON 26 CM Ø (12 STÜCK):

Für den Teig:

200 g Mehl | 2 EL Zucker
1/2 TL Backpulver
Salz | 1 Ei (Größe M)
100 g kalte Butter in Flöckchen
Fett für die Form
Mehl zum Ausrollen

Für die Füllung:

100 g Mandeln
100 g gut gekühlte Zartbitter-Schokolade
2 Eier (Größe M) | 75 g Zucker
1 EL Speisestärke
50 g ungeschwefelte Rosinen

Schokoladenkuchen

1. Für den Teig das Mehl mit Zucker, Backpulver, 1 Prise Salz, dem Ei und der Butter mischen und kurz durchkneten. Falls der Teig zu trocken ist, ein paar Tropfen kaltes Wasser zugeben. Den Teig in Folie wickeln und 30 Min. kalt stellen.

2. Den Backofen auf 200° vorheizen. Die Form fetten. Den Teig auf Mehl ausrollen und die Form damit auslegen, dabei einen etwa 2 cm hohen Rand formen. Den Teigboden mit einer Gabel mehrmals einstechen und im Ofen (Mitte, Umluft: 180°) 10 Min. vorbacken.

3. Für die Füllung Mandeln mit heißem Wasser kurz brühen und aus den Schalen drücken. Mit der Schokolade im Blitzhacker oder mit einer Mandelmühle mahlen. Eier mit Zucker weiß-schaumig rühren, bis sich der Zucker aufgelöst hat. Stärke, Mandeln und Schokolade darüber streuen und unterrühren, die Rosinen unterheben.

4. Den Teigboden aus dem Ofen nehmen und kurz abkühlen lassen. Den Backofen auf 180° stellen. Die Schokomasse gleichmäßig auf dem Kuchenboden verteilen. Den Kuchen in den Ofen (Mitte, Umluft 160°) stellen und in etwa 20 Min. fertig backen. Zur Garprobe mit einem Stäbchen in die Mitte des Kuchens stechen – wenn es sauber herauskommt, ist der Kuchen fertig. Kurz ruhen lassen, vorsichtig aus der Form lösen und auf einem Kuchengitter abkühlen lassen.

GARNIEREN: mit gehackten Mandeln bestreuen

GETRÄNK: Kaffee oder Tee, Danziger Goldwasser

Eine moderne Version des »Ofenschlupfers«, eines Semmelauflaufs, mit saftigem Sahneguss, ideal als Dessertkuchen.

FÜR ANFÄNGER
AUS SCHWABEN

ZUBEREITUNG: 35 Min.
BACKEN: 30 Min.
PRO PORTION CA.: 260 kcal

FÜR 1 BACKBLECH (20 STÜCK):

750 g säuerliche Äpfel (z. B. Boskop, Cox Orange)
250 g Zucker
200 ml Weißwein (ersatzweise Wasser)
4 Eier (Größe M) | 300 g Mehl
150 ml Sonnenblumenöl
2 Päckchen Vanillezucker
1 Päckchen Backpulver
1/2 TL Speisenatron
Backpapier für das Blech

Für den Guss:

400 g Schmand (24 % Fett)
200 g Sahne | 30 g Zucker
1 TL Zimtpulver

Apfelkuchen mit Sahneguss

1. Die Äpfel schälen und vierteln, die Kerngehäuse ausschneiden. Die Apfelviertel in Spalten schneiden, in einen Topf geben und mit 50 g Zucker und dem Wein erhitzen, etwa 8 Min. dünsten. Äpfel in ein Sieb gießen, den Saft auffangen, 150 ml abmessen. Den Backofen auf 200° vorheizen. Das Backblech mit Backpapier auslegen.

2. Die Eier mit 200 g Zucker weiß-schaumig rühren. Mehl, Apfelsud und Öl dazugeben. Vanillezucker, Backpulver und Natron unterrühren. Den Teig auf das Backblech gießen und verstreichen. Die Apfelspalten darüber verteilen.

3. Für den Guss den Schmand mit der Sahne glatt verrühren und über die Äpfel gießen. Den Zucker mit dem Zimt mischen und über den Guss streuen. Den Kuchen im Ofen (Mitte, Umluft: 175°) 25–30 Min. backen, bis die Oberfläche leicht gebräunt ist. Aus dem Ofen nehmen und auf dem Blech abkühlen lassen.

GETRÄNK: Kaffee oder Tee oder ein Rosésekt, z. B. Cannstadter Zuckerle Trollinger trocken aus Württemberg

Hopfen ist eine der Grundsubstanzen für das deutsche Bier. Hauptanbaugebiet mit rund 15 000 Hektar ist die Hallertau (oder Holledau), rund um Wolnzach in Bayern.

TEE

In Ostfriesland gilt es beim Teetrinken ein paar Regeln einzuhalten: Die Sahne vorsichtig in den Tee geben und das aufsteigende Wölkchen auf keinen Fall durch Umrühren zerstören und bloß nicht den Kandis aus der Tasse fischen, der wird noch für die zweite und dritte Tasse Tee gebraucht.

Getränke

Tee, Bier und Wein

Wenn es auch heute so aussieht, als ob wir nur italienische und amerikanische Kaffeespezialitäten trinken, der Klassiker in Deutschland ist Tee. Die Hanseaten trinken englischen Tee zu ihrem üppigen Frühstück, die Friesen ihren Tee aus ihrer Ostfriesenmischung zur »Teetieed« um elf Uhr und am frühen Nachmittag. Und dass eine Streichwurst »Teewurst« heißt, leitet sich davon ab, dass in Pommern, wo sie zum ersten Mal hergestellt wurde, zum Nachmittagstee kleine Schnittchen mit Wurst gereicht wurden.

Dreimal ist Ostfriesenrecht

Der Teeverbrauch in Ostfriesland ist um ein Vielfaches höher als im übrigen Deutschland, und die Zubereitung und das Teetrinken sind ein echtes Ritual: Die Teekanne wird mit heißem Wasser vorgewärmt, pro Tasse kommen ein leicht gehäufter Teelöffel Ostfriesenmischung und ein extra Löffel für die Kanne hinein, dann wird mit frisch aufgekochtem, weichem Wasser aufgefüllt. Wer kein weiches, also kalkarmes Leitungswasser hat, sollte vorab einen Wasserfilter verwenden. Zum Ziehen und Warmhalten wird die Kanne auf ein Stövchen gestellt. In Friesland bleiben die Teeblätter in der Kanne, so dass der Tee mit der Zeit immer kräftiger wird.

In die Tasse kommen zwei Stücke Kluntje (Kandiszucker), der heiße Tee wird durch ein Sieb darüber gegossen, so dass der Kandis knackt und zerbricht. Nun lässt man über den Rücken eines Teelöffels dicke Sahne in den Tee laufen und trinkt ihn ohne Umrühren. Da sich der Kandiszucker nur langsam auflöst, reicht er noch für die zweite und die dritte Tasse, denn »dreemal ist Ostfriesenrecht«. Übrigens spülen Teeliebhaber ihre Kanne immer nur mit heißem Wasser aus, nie mit Spülmittel.

Hopfen und Malz

Deutschland ist das Land der Biere. Und auch heute noch gilt das Reinheitsgebot, in dem der bayerische Herzog Wilhelm IV. 1516 (nach älteren regionalen Regelungen) verordnete, dass Bier nur aus Hopfen, Malz aus Gerste oder Weizen und Wasser gebraut werden darf. Früher kannte man nur die obergärige Brauart, bei der die sich bildende Hefe an die Oberfläche steigt und bei der Sorten wie das bayerische Hefeweißbier, das Kölner Kölsch oder das Düsseldorfer Altbier entstehen. Erst seit der Entdeckung der untergärigen Braumethode gibt es die heute beliebten hellen und dunklen Lager- und Exportbiere, Pils und Bockbiere. Darunter findet man dunkle, mittelfarbene und helle Sorten sowie Spezialbiere: das kräftig-würzige Rauchbier, Schwarzbier und das Starkbier mit höherem Alkoholgehalt wie Bock, Doppelbock oder die bayerischen Starkbiere, die alle die Endung »-ator« tragen. Besonders bei Autofahrern sind die alkoholfreien oder die Leichtbiere beliebt, während das alkoholfreie »Malzbier« nicht »Bier«, sondern Malztrunk genannt werden muss.

Die deutschen Weine

Die deutschen Weinbaugebiete ziehen sich vom kühlen Norden, von Saale, Unstrut und dem sächsischen Elbeufer bis in den sonnenverwöhnten Südwesten nach Baden und zum Bodensee. So vielfältig wie die Unterschiede in Klima, Landschaft und Böden sind auch die Besonderheiten der Weine. Im Nordosten werden vor allem früh reifende weiße Rebsorten wie Müller-Thurgau und Weißburgunder angebaut, im Süden reifen auch Spätburgundertrauben zu gehaltvollen Weinen heran. Eine Ausnahme im Norden macht das Ahrtal, an dessen steilen sonnenzugewandten Hängen ebenfalls Spätburgunder gedeiht; die Rotweine geraten aber nicht jedes Jahr gleich füllig.

Die Renommier-Weinregionen liegen am Rhein und seinen Nebenflüssen wie der Mosel, deren steile Schieferterrassen meist mühsam in Handarbeit bewirtschaftet werden. Das Ergebnis sind leichte, elegante bis edelsüße Rieslinge, die international beachtet werden. Nach der »Rotweininsel« von Assmannshausen macht der Rhein einen scharfen Knick und hier, wo er zu Füßen des Taunus fast gerade von Ost nach West fließt, liegt der Rheingau mit seinen Rieslingen, die so gut ausreifen, dass sie oft zu edelsüßen Auslesen gekeltert werden können. Die Weinbaugebiete Frankens am Main sind bekannt für ihre erdigen, gehaltvollen Silvaner, von denen schon Goethe den »Würzburger Stein« über alles schätzte. Klimatisch besonders begünstigt sind die Weinbaugebiete an der Oberrheinischen Tiefebene, Rheinhessen und die Pfalz, die Hessische Bergstraße und Baden im Süden. Doch sind hier die Unterschiede zwischen Spitzen- und einfachen Alltagsweinen besonders ausgeprägt. Ähnlich bei den Weingärten Württembergs, deren Erzeugnisse von hellroten Trollingern für jeden Tag bis zu gehaltvollen Spätburgunder-Rotweinen für den Festtagsbraten reichen. Deutschlands wärmste Region sind die Vulkanhänge des Kaiserstuhls in Baden, an denen Spätburgunder- wie auch Riesling- und weiße Burgundertrauben leicht zur vollen Reife gelangen können. Am Bodensee schließlich liegen die südlichsten Weinberge, die eher leichte, verspielte Weißweine entstehen lassen.

ERFRISCHENDE BOWLEN

Für Bowlen sollte man nur beste Zutaten verwenden, also Weine, die man auch pur trinken würde.

Kalte Ente

Die Schale von 1 unbehandelten Zitrone hauchdünn abschälen, in ein Bowlengefäß geben, 3 EL Zucker darüber streuen und mit 1 Flasche leichtem Weißwein übergießen. 30 Min. ziehen lassen. Den Saft der Zitrone durch ein Sieb dazugießen, mit 1/2 Flasche trockenem Sekt auffüllen, eiskalt servieren.

Erdbeer-Bowle

Mit 250 g reifen Erdbeeren statt der Zitronenschale ansetzen.

Maibowle

1 Bund leicht angetrockneten Waldmeister etwa 15 Min. im Weißwein ziehen lassen, dann herausnehmen, die Bowle mit Zucker abschmecken und mit Sekt oder Mineralwasser aufgießen.

S
P

Deko für jeden Tag

Selbst wenn einfache Gerichte aufgetischt werden – ein bisschen Sorgfalt beim Anrichten und Dekorieren schafft eine angenehme Atmosphäre und lässt das Essen noch viel besser schmecken.

1. Weiß oder bunt

Für den Alltag muss es keine weiße Tischdecke sein, damit eine ruhige und angenehme Stimmung aufkommt. Viel wichtiger ist, dass der Tisch vor dem Essen abgeräumt wird, dass keine Schulhefte, Zeitung, Zeitschriften oder Briefe darauf herumliegen. Einfarbige oder bunte Tischsets sind praktischer als eine Tischdecke, nicht zuletzt deswegen, weil sie schneller gewaschen sind. Auch wenn die Teller in der Küche gefüllt werden, können Bestecke und Servietten bereits schön eingedeckt sein.

2. Für die Brotzeit

Zu einer deftigen Brotzeit gehören natürlich mehrere Brotsorten, Brötchen oder Laugengebäck. Wurst und Käse werden am besten auf Holztellern angerichtet, damit man darauf gleich schneiden kann. Etwas Obst wie Äpfel, Birnen oder Trauben gehören ebenso dazu wie Radieschen, Tomatenviertel oder Gurkenstücke. Vergessen Sie nicht, Salz und Pfeffer bereit zu stellen sowie Senf in kleinen Töpfchen.

3. Für Suppenkasper

Selbst wenn es mehr Arbeit macht – Suppen oder Eintöpfe kommen viel besser zur Geltung, wenn sie in einer Suppenschüssel oder Terrine auf den Tisch gebracht werden. Am besten vorher im Ofen bei 50° oder mit heißem Wasser anwärmen, damit die Suppe nicht so schnell abkühlt. Kleine geröstete Brotwürfel in einem Schüsselchen extra dazustellen, dann weichen sie nicht so schnell durch. Auch gehackte Kräuter kommen so besser zur Geltung.

4. Kartoffeln und Brot

Pellkartoffeln müssen Sie nicht unbedingt schon in der Küche schälen, das kann jeder selbst am Tisch tun. Servieren Sie sie aber in einer Schüssel und stellen Sie für jeden ein Schüsselchen oder einen Teller für die Schalen bereit. Da auch wir immer mehr Brot als Beilage essen, können Sie frisches Weißbrot oder knuspriges Toastbrot (unter einer Serviette warm halten) in einem hübschen Korb bereit stellen. Sitzen Gäste mit am Tisch, sollten Sie eine Brotzange dazulegen.

5. Fisch und Fleisch

Wenn Sie einen ganzen Fisch zubereiten, dann servieren Sie ihn auch im Ganzen, garniert mit Zitronenspalten und Petersilienzweigen, und zerteilen ihn erst am Tisch. Große Fleischstücke und Braten dagegen werden schon in der Küche aufgeschnitten und dachziegelartig auf einer vorgewärmten Platte angerichtet. Das Fleisch mit ein wenig Sauce beträufeln und die übrige Sauce in einer Sauciere servieren. Mit Kräutersträußchen, Tomatenschnitzen oder gebratenen Zwiebeln garnieren.

6. Für die Getränke

Wasser, Bier oder Wein schmecken aus passenden Gläsern einfach besser. Während Wassergläser ruhig aus farbigem, derbem Pressglas bestehen können, sollen Bier- und vor allem Weingläser klar und dünnwandig sein. Das ideale Alltagsglas für Wein hat einen mittellangen Stiel, ist leicht bauchig und verjüngt sich tulpenförmig nach oben. Fragen Sie im Fachgeschäft nach Universalgläsern – diese Form ist sowohl für Weiß- als auch für Rotwein und sogar für Bier und Pils geeignet.

Gäste einladen

Gelegenheiten für ein gemeinsames Essen gibt es viele, aber, ob förmlich und festlich oder spontan und improvisiert, – es soll Freude bereiten. Den Gästen und auch den Gastgebern. Wer sich vorher ein Motto für das Zusammensein überlegt, tut sich bei der Planung viel leichter. Zum Beispiel im Frühjahr »die ersten frischen Kräuter« oder »Schlemmen mit Spargel«, im Sommer gibt es vielleicht ein »Menü rund um die Forelle«, im Herbst könnten »Wild und Pilze« ein Thema sein, im Winter Geflügel oder Karpfen.

Einladungen und Geschenke

Bei großen Feiern werden die Gäste frühzeitig und schriftlich eingeladen, wobei Anlass und Termin mit Ort und Uhrzeit genannt werden. Damit die Gastgeber besser planen können, sollte möglichst früh zu- oder abgesagt werden, nicht nur, wenn »U. A. w. g.« (um Antwort wird gebeten) auf der Einladung steht. Für kleinere Feiern genügt es, eine Woche vorher telefonisch oder per E-Mail einzuladen.

Der Einladende freut sich auf jeden Fall darüber, wenn der Gast ein kleines Geschenk mitbringt. Das kann ein Blumenstrauß sein, aber auch eine persönliche Aufmerksamkeit wie Karten für ein Konzert oder eine spezielle Flasche Wein.

Menüfolge und Sitzordnung

Die traditionelle Abfolge von Suppe, Braten mit Beilagen und Nachtisch wird auch heute oft noch eingehalten, aber sie ist nicht mehr zwingend. Wichtiger ist die Steigerung von leichten, eleganten Vorgerichten zu üppigeren Hauptgerichten, um dann das Menü mit einem luftigen Dessert ausklingen zu lassen. Achten Sie bei der Auswahl auf Abwechslung: Zutaten und Garmethoden sollten von Gang zu Gang verschieden sein, also keinen Lachs als Vorspeise, wenn ein Fischgang als Hauptgericht serviert wird. Zur Begrüßung der Gäste sollte ein Tischchen mit Gläsern und Getränken, zum Beispiel einem gut gekühlten Winzersekt, und kleinen Häppchen bereit stehen. Bei offizielleren Anlässen werden den Gästen die Plätze am Tisch zugewiesen oder durch Tischkärtchen kenntlich gemacht. Ehrengäste werden links und rechts der Gastgeber platziert, die übrigen Gäste so, dass sich Paare am Tisch gegenüber sitzen.

Nach dem Essen wird Kaffee angeboten, aber auch etwas Höherprozentiges wie feiner Weinbrand, edles Obstwasser oder andere Digestifs sollten (für Nicht-Autofahrer) bereit stehen, ebenso alkoholfreie Erfrischungen.

Tischschmuck

Wer ein Motto für das Essen gewählt hat, wird auch den Tisch entsprechend gestalten. Blumen schmücken eine jede Tafel; am schönsten sehen jedoch Blumenarrangements aus, die entsprechend der Jahreszeit zusammengestellt wurden: Im Frühjahr harmonieren Wiesenblüten und austreibende Zweige mit Narzissen und Tulpen, im Sommer blühende Kräuterzweige mit Rosen oder Azaleen und im Herbst setzen farbintensive Astern und Rosen Akzente zu dem in warmen Gold-, Rot- und Brauntönen gefärbtem Laub. Im Winter können es dekorative Zusammenstellungen von Tannenzweigen und -zapfen, Buchsbaum und Ilex sein. Blumenschmuck sollte stets nur so hoch aufragen, dass die Sicht auf den gegenüber Sitzenden nicht behindert wird. Gleiches gilt auch für Kerzen – so sind Teelichter besser als Leuchter.

Niedrige Blumenarrangements geben dem Tisch eine frische Note.

Beschriftete Serviettenringe können auch als Tischkärtchen dienen.

Im ausgehöhlten Apfel (siehe die Steps rechts) steht der Frischkäse bereit.

Viele kleine Salz- und Pfefferstreuer sind praktisch und dekorativ.

Ein liebevoll und mit Stil gedeckter Tisch erfreut schon vor dem Essen. Zu einer großen Tafel gehört dann eventuell auch ein Menükärtchen.

Mit kleinen Accessoires lässt sich ein weiß gedeckter Tisch immer wieder anders gestalten – eine bunte Sammlung von Salz- und Pfefferstreuern, Essig- und Ölfläschchen, kleinen Figuren, Minischälchen mit Obst, Früchten oder Nüssen über den Tisch verteilt bringt Farbe ins Spiel. Sie kommen aber nur zur Geltung, wenn genügend Platz auf der Tafel ist, sonst wirkt alles überladen.

1. Für die gefüllten Äpfel an der Seite des Blütenansatzes 1 Scheibe so abschneiden, dass der Apfel später gerade stehen kann.

2. Von der Stielseite her den Apfel mit einem Kugelausstecher innen aushöhlen, so dass etwa 1/2 cm Rand stehen bleibt.

3. Den Apfel mit Frischkäse, mit der halben Menge Butter und frischen Kräutern gemischt, füllen und auf Vorspeisenteller stellen.

MUSIK

Zu einem festlichen Essen passt eine dezente klassische Hintergrundmusik am besten. Mit Bach, Beethoven, Brahms und Händel liegt man selten falsch, vor allem, wenn die Höhen und Bässe auf ein Mittelmaß gebracht werden. Doch sind auch Rockballaden der Scorpions, von BAP, Peter Maffei oder Udo Lindenberg, die frechen Songs von Nena, Die Prinzen oder Münchener Freiheit je nach Anlass geeignet. Ebenso könnte deutscher Jazz wie von Klaus Doldinger oder Deftiges von De Randfichten zur entsprechenden Stimmung beitragen. Weniger »Turbo« machen die poetischen Songs von deutschen Liedermachern.

Menüvorschläge

Menü aus Schleswig-Holstein
Sauerampfersuppe (60)
Lachs und Krusenmoster (94)
Swienssteert paneert (100)
Rote Grütt (138)

Menü aus Niedersachsen
Eier-Krabben-Brot (27)
Westerländer Gurkensalat (46)
Lamm aus dem Ofen (112)
Gefüllte Pflaumen (144)

Menü aus Mecklenburg-Vorpommern
Warener Eiernester (28)
Stralsunder Fischtopf (78)
Gefüllte Wachteln (108)
Schokoladenkuchen (152)

Menü aus Nordrhein-Westfalen
Orangen-Apfel-Salat (50)
Sommer-Blindhuhn (68)
Knabbeln un Beschütt (141)

Menü aus Sachsen und Sachsen-Anhalt
Magdeburger Salat (48)
Leipziger Allerlei (124)
Feiertags-Nachtisch (144)

Menü aus Berlin
Hackepeter (24)
Kartoffelsalat mit Bollenpiepen (58)
Stolzer Heinrich (98)
Streuselkuchen (151 Variante)

Menü aus Brandenburg
Meerrettich-Sülzchen (26)
Forellen in Köstritzer Biersauce (86)
Teltower Rübchen (122)
Napfkuchen (ohne Rezept)

Menü aus Rheinland-Pfalz
Spundekäs (22)
Grumbeernsupp (68)
Feldhinkel (108)
Hoorige Knepp (132)
Quetschekuche (151)

Menü aus Hessen
Grie Sooß mit Eiern (28)
Stoapilze mit Blätzjer (131)
Suppenfleisch mit Meerrettich (112)
Hefeklöß (132, dick mit Zimtzucker bestreut)

Menü aus Thüringen
Bunter Kartoffelsalat (58)
Leberschnitten (106)
Pfannkuchen mit Äpfeln und Zimt (ohne Rezept)

Menü aus Baden
Eingemachtes Kalbfleisch (38)
Sonnenwirbele (44)
Felchen mit Pfifferlingen (82)
Apfelkuchen mit Sahneguss (152)

Menü aus Württemberg
Schärrkuchen (40)
Saure Flädlesuppe (62)
Kalbsvögerl (104)
Apfelmus mit Zimt (ohne Rezept)

Menü aus Bayern
Obatzda (22)
Schbofaki mit Biersoß (117)
Semmelknödel (132)
Krautsalat (48)
Bayrische Creme (146)

Vegetarisches Menü
Gebackener Käse mit Kürbis (36)
Kümmerlsuppe (66)
Gemüseteller mit Setzei (130)
Eierbrötchen (146)

Frühlingsmenü
Salat Gärtnerinnen Art (52)
Spargel mit Krabben (120)
Kaninchen in Riesling (111)
Erdbeeren mit Sahne (ohne Rezept)

Sommermenü
Grüne Erbsensuppe (64)
Pälzer Spießbrode (103)
Kirschen mit Weinschaum (142)

Herbstmenü
Orangen-Apfel-Salat (50)
Kartoffel-Kürbis-Suppe (66)
Rahmschwammerl (126)
Zander Mecklenburger Art (90)
Gefüllte Pflaumen (144)

Wintermenü
Nudelsalat mit Difsche (54)
Porree mit Schinken (128)
Wildschweinragout (114)
Harzer Knüste (134)

Alltagsmenü
Zwiebelsuppe mit Senf (64)
Saure Brodwerscht (98)
Stampfkartoffeln (134)
Apfelkompott (ohne Rezept)

Festtagsmenü
Schnecken im Teig (36)
Entensuppe Hohenloh'sche Art (72)
Reh mit Abbelsine (114)
Weibierlkuache (150)

Fischmenü
Heringsfilets Hausfrauenart (76)
Miesmuscheln rheinische Art (80)
Ofaschlupfer mit Fisch (96)
Salm mit Salbei (94)

Bezugsadressen, Infos & Literatur

Bezugsadressen für Weine und Feinkost

www.wein.de
Informationen über deutsche Qualitätsweine und Orientierungshilfen beim Weinkauf

www.weinplus.de
Weinportal für Weininteressierte

www.winzer-marktplatz.de
Deutsche Weinerzeuger mit der Möglichkeit, online zu bestellen

www.firmenjournal.de/einzel_branche.php/3/Feinkostgeschaefte
Feinkostgeschäfte und wo sie zu finden sind. Suche nach Bundesländern möglich

www.brot-und-butter.de
Brot und Pumpernickel, Odenwälder Butter, Ahle Wurscht und Thüringer Mettwurst

www.dallmayr-versand.de
Versand von Weißwürsten und anderen bayerischen Spezialitäten sowie Weinen

www.bayernfeinkost.de
Online-Shop des Feinkost-Versands Charcutier Rott und anderer Erzeuger aus der Region Untergriesbach

www.wittelsbacher-schmankerl.de
Ökologische Produkte aus dem Wittelsbacher Land

www.culinarisches-land.de
Handwerkliche Spezialitäten aus Franken, Wurst und Schinken

Deutschland kulinarisch

Im Internet

www.slowfood.de
Unter dem Suchwort Deutschland Informationen über Produkte, Weine und Spezialitäten

www.cma.de
Rund um deutsche Agrarprodukte mit Rezepten und Tipps für Gäste

www.livingathome.de/essen_trinken/regionale_kueche/
Deutsche Rezepte

www.kirchenweb.at
Große Sammlung von Rezepten aus der ehemaligen DDR

hometown.aol.de/_ht_a/detmac/Westfaelisch01.html
Die Spezialitäten der westfälischen Küche von A bis Z

www.bavaria.com/entertainment/homecooking_us.html
Wie die bayerische Weißwurst richtig gegessen wird

Buchtipps

Hans J. Fahrenkamp, *Wie man eyn teutsches Mannsbild bey Kräfften hält*. Area, 2005
Ein Buch über die Klosterküchen und Rezepte des Mittelalters mit vielen Hinweisen auf die Entstehung bekannter Rezepte

Michael Harles, Werner Teufl, Otto Walser, *Schlemmerreise Deutschland*. TR-Verlagsunion, 2003
Das Buch zur Fernsehserie des Bayerischen Rundfunks. Köstliches, Kulturelles und Kurioses mit Rezepten und Adressen. In dieser Reihe sind auch die Bände »Schlemmerreise Franken, »Schlemmerreise Altbayern & Schwaben« und »Schlemmerreise Alpen« erschienen.

Eva Gesine Baur, Monika Arndt, *Deutschland – Der Reichtum der einfachen Küche*. DTV, 1997
Interessantes über Kartoffeln, Brot und Hering sowie Rezepte der einfachen Küche

Alles Soljanka oder wie? – Das ultimative DDR-Kochbuch 1949 – 1989. BuchVerlag für die Frau, 2000
Bekannte und ungewöhnliche Rezepte und Küchengeschichten aus der Zeit der ehemaligen DDR

Reiseliteratur

Horst Ziethen, *Kultur- und Bilderreise durch Deutschland*, dtsch.-engl.-französ. Ausgabe. Ziethen-Panorama
Ein Bildband mit Anregungen für Reisen durch Deutschland und Souvenir und Geschenk für Gäste und daheim Gebliebene

Bruno Jonas, *Gebrauchsanleitung für Bayern*. Piper, 2003
Ein Blick in die Abgründe der bayerischen Seele von dem bekannten Kabarettisten

Theodor Fontane, *Wanderungen durch die Mark Brandenburg* (8 Bände). Aufbau Verlag, TB 2005

Rezept- und Sachregister

Damit Sie Rezepte mit bestimmten Zutaten noch schneller finden können, stehen in diesem Register zusätzlich auch beliebte Zutaten wie Pflaumen und Spargel – ebenfalls alphabetisch geordnet und hervorgehoben – über den entsprechenden Rezepten.

A
Altonaer Seezungenröllchen 97
Ananas: Schichtsalat 54
Äpfel
- Apfelkuchen mit Sahneguss 152
- Dinkel-Äpfel auf Sauerkraut 126
- Eintopf mit frischen Bohnen 68
- Heringsfilets Hausfrauenart 76
- Leberschnitten mit Äpfeln und Zwiebeln 106
- Orangen-Apfel-Salat 50
- Schichtsalat 54

Apfelsinen: Rehschnitzel mit Apfelsinen und Hagebuttensauce 114
Aprikosen-Krapfen 111

B
Bayerische Creme mit Kirschsauce 146
Beeren
- Buttermilchplinsen 148
- Rote Beerengrütze 138

Bier (Getränke) 155
Biersauce
- Bratwurst in Biersauce 98
- Forellen in Köstritzer Biersauce 86
- Waller mit Kartoffelkruste in Biersauce 85

Birnen: Rotkohlsalat mit Birnen und Lauch 48
Blechkuchen mit Zwetschgen 151
Blumenkohl
- Blumenkohl mit Krebssauce 124
- Leipziger Allerlei mit Krebsen 124
- Reis-Gemüse-Salat 52
- Salat Gärtnerinart 52

Blutwurst (Warenkunde) 18
Bohnen, Dicke: Eintopf mit frischen Bohnen 68
Bohnen, grüne
- Eintopf mit frischen Bohnen 68
- Gemüsesuppe »Quer durch den Garten« 70
- Grüne-Bohnen-Salat 50
- Leipziger Allerlei mit Krebsen 124
- Nudelsalat mit Endivie und Schinken 54
- Salat Gärtnerinart 52
- Speckbohnen 122

Bohnen, weiße: Wintersalat mit Bohnen und Linsen 56
Bohnenkraut (Warenkunde) 15
Bollenpiepen (Tipp) 58
Bouillonkartoffeln (Tipp) 94
Bowlen (Getränke) 154
Brägele (Variante) 34
Bratenaufschnitt: Wurstsalat mit Braten und Käse 32
Bratfisch in Weinsud 76
Brathähnchen in Blättern 108
Bratkartoffeln mit Dickmilch 34
Bratklopse in Bier (Variante) 98
Bratwurst (Warenkunde) 18
- Bratwurst in Biersauce 98
- Bratwürste in saurer Sauce 98
- Kalbsvögerl 104

Brotauflauf mit Goldbarsch 96
Brötchen
- Eierbrötchen mit Pflaumenkompott 146
- Gefüllte Wachteln 108
- Knödelchen mit Bröselbutter 100
- Semmelknödel 132

Brotfladen mit Speck-Zwiebeln 40
Brotwürfel (Kochtechnik) 19
Brühwurst (Warenkunde) 18
Brunnenkresse (Warenkunde) 15
- Feldsalat mit Kräutersauce 44
- Bunter Kartoffelsalat mit Hähnchen 58

Buttermilchplinsen 148

C
Camembert
- Camembert-Käsecreme 22
- Obatzda 22

Cervelatwurst (Warenkunde) 18
Champignons
- Altonaer Seezungenröllchen 97
- Eingemachtes Kalbfleisch 38
- Gemüseteller mit Setzei 130
- Spargel mit Krabben 120

D
Deko 157
Dibbelabbes 134
Dicke Bohnen: Eintopf mit frischen Bohnen 68
Dickmilch: Gereeste mit Dickmilch 34
Dill
- Altonaer Seezungenröllchen 97
- Gebackene Forellen mit Kräuterbutter 86
- Pikante Suppe mit Delikatessgurken 66
- Warenkunde 15

Dinkel-Äpfel auf Sauerkraut 126
Dinkelreis: Dinkel-Äpfel auf Sauerkraut 126
Dorsch mit Petersiliensauce 92

E
Ebbel auf Kraut 126
Eier
- Altonaer Seezungenröllchen 97
- Aprikosen-Krapfen 111
- Bayerische Creme mit Kirschsauce 146
- Blechkuchen mit Zwetschgen 151
- Brotauflauf mit Goldbarsch 96
- Bunter Kartoffelsalat mit Hähnchen 58
- Buttermilchplinsen 148
- Eier pochieren (Tipp) 27

Eierbrötchen mit Pflaumenkompott 146
Eier-Krabben-Brot 27
Fleisch-Kartoffel-Pfanne 38
Frankfurter Grüne Sauce 28
Gemüseteller mit Setzei 130
Johannisbeer-Baiser-Kuchen 150
Kirschen mit Weinschaum 142
Knödelchen mit Bröselbutter 100
Möhren in Eiersauce 128
Salat Gärtnerinart 52
Schichtsalat 54
Spätzle mit Mohn 148
Strammer Max 30
Warener Eiernester 28
Westerländer Gurkensalat mit Lachs und Eiern 46
Eierkuchen: Eingemachtes Kalbfleisch 38
Einbrenne (Kochtechnik) 19
Eingemachtes Kalbfleisch 38
Einladungen 158
Eintopf mit frischen Bohnen 68
Emmentaler: Wurstsalat mit Braten und Käse 32
Endiviensalat
Endiviensalat wässern (Tipp) 54
Karpfen blau auf Endivie 89
Nudelsalat mit Endivie und Schinken 54
Entensuppe Hohenloh'sche Art 72
Erbsen
Bunter Kartoffelsalat mit Hähnchen 58
Gemüsesuppe »Quer durch den Garten« 70
Grüne Erbsensuppe mit Grießklößchen 64
Leipziger Allerlei mit Krebsen 124
Salat Gärtnerinnen Art 52
Erdbeer-Bowle 155
Estragon
Brotauflauf mit Goldbarsch 96
Feldsalat mit Kräutersauce 44
Feldsalat mit Pfifferlingen 44

F
Feiertags-Nachtisch mit zwei Saucen 144
Felchen mit Pfifferlingen in Weinsauce 82
Feldsalat mit Kräutersauce 44
Feldsalat mit Pfifferlingen 44
Fisch
Hamburger Pfannenfisch 78
Stralsunder Fischertopf 78
Flädlesuppe 62
Fleisch-Kartoffel-Pfanne 38
Fleischwurst (Warenkunde) 18
Forelle
Bratfisch in Weinsud 76
Forellen in Köstritzer Biersauce 86
Gebackene Forellen mit Kräuterbutter 86
Frankfurter (Warenkunde) 18
Frankfurter Grüne Sauce 28
Fränkischer Wurstsalat (Variante) 32
Franzosesupp 70
Frühlingskräutlsuppe 60
Frühlingszwiebeln
Feldsalat mit Kräutersauce 44
Gedünstete Frühlingszwiebeln 122
Kartoffelsalat mit Frühlingszwiebeln 58
Frühstücksspeck
Feldsalat mit Pfifferlingen 44
Schnecken im Teig 36

G
Gebackene Forellen mit Kräuterbutter 86
Gebackener Käse mit Kürbis 36
Gebratene Schollen mit Krabben 82
Gedünstete Frühlingszwiebeln 122
Gefüllte Pflaumen mit Karamellsauce 144
Gefüllte Wachteln 108
Gemüsesuppe »Quer durch den Garten« 70
Gemüseteller mit Setzei 130
Gereeste mit Dickmilch 34
Gewürzgurken
Hackepeter 24
Heringsfilets Hausfrauenart 76
Pikante Suppe mit Delikatessgurken 66
Soljanka 72
Goldbarsch: Brotauflauf mit Goldbarsch 96
Graßlfinger Lumpenteller 32
Grie Sooß mit Eiern 28
Grießklößchen: Grüne Erbsensuppe mit Grießklößchen 64
Grumbeernsupp 68
Grüne Erbsensuppe mit Grießklößchen 64
Grüne Sauce 28
Grüne-Bohnen-Salat 50
Grüner-Spargel-Salat mit Tomaten 46
Grünkern
Grünkernsuppe 63
Steinpilze mit Grünkern-Pfannküchlein 131
Gurke
Gurken salzen (Tipp) 46
Stralsunder Fischertopf 78
Strammer Max 30
Westerländer Gurkensalat mit Lachs und Eiern 46

H
Hackepeter 24
Hackfleisch: Warener Eiernester 28
Hagebuttensauce: Rehschnitzel mit Apfelsinen und Hagebuttensauce 114
Hähnchenfleisch
Bunter Kartoffelsalat mit Hähnchen 58
Fleisch-Kartoffel-Pfanne 38
Hamburger Pfannenfisch 78
Hamburger Rote Grütze (Variante) 138
Hecht aus dem Ofen 92
Hefebrot und Bröckchen mit Milchkaffee 141
Hefeklöß 132
Heringsfilets Hausfrauenart 76
Hessisches Bauernfrühstück (Variante) 38
Holunderbeerkompott: Steinpilze mit Grünkern-Pfannküchlein 131
Hoorige Knepp 132
Hülsenfrüchte (Warenkunde) 13
Hunsrücker Spießbraten (Variante) 103

J/K
Jagdwurst (Warenkunde) 18
Soljanka 72
Johannisbeer-Baiser-Kuchen 150
Johannislauch 122
Kalbfleisch
Eingemachtes Kalbfleisch 38
Kalbsragout auf Eierkuchen 38
Kalbsschnitzel: Kalbsvögerl 104
Kalbsvögerl 104
Kalbsleber: Leberschnitten mit Äpfeln und Zwiebeln 106

Kalbsnieren: Saure Kalbsnieren 106
Kalte Ente 155
Kaninchen in Rieslingsauce mit Aprikosen-Krapfen 111
Karpfen blau auf Endivie 89
Karpfen mit gefrorenem Meerrettich 88
Kartoffeln (Warenkunde) 11
Bouillonkartoffeln (Tipp) 94
Brathähnchen in Blättern 108
Bunter Kartoffelsalat mit Hähnchen 58
Eintopf mit frischen Bohnen 68
Fleisch-Kartoffel-Pfanne 38
Gemüseteller mit Setzei 130
Gereeste mit Dickmilch 34
Hamburger Pfannenfisch 78
Kartoffelklöße »halb und halb« 132
Kartoffel-Kürbis-Suppe 66
Kartoffelsalat mit Bollenpiepen 58
Kartoffelsalat mit Frühlingszwiebeln 58
Kartoffelsuppe 68
Kümmel-Kartoffeln aus dem Ofen 134
Pellkartoffeln mit weißem Käse 34
Stampfkartoffeln 134
Stralsunder Fischertopf 78
Subbefleisch mit Meerrettig 112
Waller mit Kartoffelkruste in Biersauce 85
Wintersalat mit Bohnen und Linsen 56
Zerrupfte Kartoffelpuffer 134
Katzagschroi 38
Kirschen
Bayerische Creme mit Kirschsauce 146
Kirschen mit Weinschaum 142
Knödelchen mit Bröselbutter 100
Kohlrabi
Gemüsesuppe »Quer durch den Garten« 70
Gemüseteller mit Setzei 130
Leipziger Allerlei mit Krebsen 124
Kombitopf (Kochtechnik) 17
Krabben
Altonaer Seezungenröllchen 97
Eier-Krabben-Brot 27
Gebratene Schollen mit Krabben 82
Spargel mit Krabben 120
Krapfen: Aprikosen-Krapfen 111
Kräuter, gemischte: Frankfurter Grüne Sauce 28
Kräuterbündel (Kochtechnik) 19
Kräuterbutter: Gebackene Forellen mit Kräuterbutter 86
Krautsalat mit Speck 48
Krebse
Blumenkohl mit Krebssauce 124
Leipziger Allerlei mit Krebsen 124
Kuchen: Feiertags-Nachtisch mit zwei Saucen 144
Kümmel-Kartoffeln aus dem Ofen 134
Kürbis
Garzeit (Tipp) 36
Gebackener Käse mit Kürbis 36
Kartoffel-Kürbis-Suppe 66

L
Lachs
Lachskoteletts mit Wein-Senf-Sauce 94
Salm mit Salbei 94
Lamm aus dem Ofen 112
Lauch (Warenkunde) 13
Gemüsesuppe »Quer durch den Garten« 70
Grüne Erbsensuppe mit Grießklößchen 64
Kartoffelsuppe 68
Lamm aus dem Ofen 112
Porree mit Schinken 128
Reis-Gemüse-Salat 52
Rotkohlsalat mit Birnen und Lauch 48
Schichtsalat 54
Subbefleisch mit Meerrettig 112
Wildschwein-Ragout 114
Leberschnitten mit Äpfeln und Zwiebeln 106
Leberwurst (Warenkunde) 18
Leberwurst auf Thüringer Art (Variante) 24
Marinierte Leberwurst 24
Leipziger Allerlei mit Krebsen 124
Liebstöckel (Warenkunde) 15
Gemüsesuppe »Quer durch den Garten« 70
Linsen: Wintersalat mit Bohnen und Linsen 56

M
Maibowle 155
Marinierte Leberwurst 24
Meerrettich
Karpfen blau auf Endivie 89
Karpfen mit gefrorenem Meerrettich 88
Meerrettich-Sülzchen mit Schinkenbrot 26
Subbefleisch mit Meerrettig 112
Süßer Senf 30
Westerländer Gurkensalat mit Lachs und Eiern 46
Wintersalat mit Bohnen und Linsen 56
Menüfolge 158
Menüvorschläge 160
Mettwurst (Warenkunde) 18
Miesmuscheln
Miesmuscheln rheinische Art 80
Saure Muscheln 80
Mohn: Spätzle mit Mohn 148
Möhren (Warenkunde) 13
Bunter Kartoffelsalat mit Hähnchen 58
Eintopf mit frischen Bohnen 68
Gemüsesuppe »Quer durch den Garten« 70
Gemüseteller mit Setzei 130
Lamm aus dem Ofen 112
Möhren in Eiersauce 128
Reis-Gemüse-Salat 52
Spanferkel-Krustenbraten 117
Subbefleisch mit Meerrettig 112
Wildschwein-Ragout 114
Wintersalat mit Bohnen und Linsen 56
Zander-Ragout 90
Morcheln
Entensuppe Hohenloh'sche Art 72
Leipziger Allerlei mit Krebsen 124
Münchner Wurstsalat (Variante) 32
Mürbeteigboden (Variante) 150
Muscheln
Miesmuscheln rheinische Art 80
Saure Muscheln 80
Musik 158

N
Nudelsalat mit Difsche 54
Nudelsalat mit Endivie und Schinken 54
Nürnberger (Warenkunde) 18
Nussbutter: Spargel mit Nussbutter 120
Nüsse (Warenkunde) 13

O
Obatzda 22
Ofaschlupfer mit Fisch 96
Orangen
Orangen-Apfel-Salat 50
Rehschnitzel mit Apfelsinen und Hagebuttensauce 114

P
Pälzer Spießbrode 103
Panierte Schinkenscheiben 100
Paprikaschoten: Soljanka 72
Partysalat mit Lauch und Schinken 54
Pellkartoffeln mit weißem Käse 34
Petersilie (Warenkunde) 13
Dorsch mit Petersiliensauce 92
Frühlingskräutlsuppe 60
Gebackene Forellen mit Kräuterbutter 86
Gemüsesuppe »Quer durch den Garten« 70
Hecht aus dem Ofen 92
Kalbsvögerl 104
Kaninchen in Rieslingsauce mit Aprikosen-Krapfen 111
Knödelchen mit Bröselbutter 100
Möhren in Eiersauce 128
Pilze in Sahnesauce 126
Spargel mit Krabben 120
Petersilienwurzel
Dorsch mit Petersiliensauce 92
Wildschwein-Ragout 114
Pfaffenschnitzel 102
Pfannkuchen: Saure Pfannkuchensuppe 62
Pfifferlinge
Felchen mit Pfifferlingen in Weinsauce 82
Feldsalat mit Pfifferlingen 44
Pfirsichpüree 138
Pflaumen
Eierbrötchen mit Pflaumenkompott 146
Gefüllte Pflaumen mit Karamellsauce 144
Pikant angemachter Quark 22
Pikant marinierter Spießbraten 103
Pikante Suppe mit Delikatessgurken 66
Pilze (Warenkunde) 13
Pilze in Sahnesauce 126
Plaaten in de Pann (Variante) 98
Porree mit Schinken 128
Pressack: Schwäbischer Wurstsalat 32

Q/R
Quark
Brotfladen mit Speck-Zwiebeln 40
Pellkartoffeln mit weißem Käse 34
Pikant angemachter Quark 22
Rahmschwammerl 126
Räucherlachs
Westerländer Gurkensalat mit Lachs und Eiern 46
Wintersalat mit Bohnen und Linsen 56
Räucherspeck
Eintopf mit frischen Bohnen 68
Grüne Erbsen-Suppe mit Grießnocken 64
Rehschnitzel mit Apfelsinen und Hagebuttensauce 114
Reis-Gemüse-Salat 52
Rieslingsauce: Kaninchen in Rieslingsauce mit Aprikosen-Krapfen 111
Rindfleisch: Subbefleisch mit Meerrettig 112
Rindsrouladen (Variante) 104
Ritschersalat 44
Rohwurst (Warenkunde) 18
Rosenkohl: Reis-Gemüse-Salat 52
Rostbraten in würziger Sauce 102
Rote Beerengrütze 138
Rote Grütt 138
Rotkohlsalat mit Birnen und Lauch 48
Rotweincreme 142
Rotwurst (Warenkunde) 18
Rüben: Teltower Rübchen 122

S
Salat Gärtnerinart 52
Salbei
Salbeimäuschen 138
Salm mit Salbei 94
Salm mit Salbei 94
Salzheringe entsalzen (Tipp) 76
Sauerampfer (Warenkunde) 15
Frühlingskräutlsuppe 60
Sauerampfersuppe 60
Tipp 60
Sauerkirschblätter (Tipp) 108
Sauerkirschen: Kirschen mit Weinschaum 142
Sauerkraut (Info) 9
Dinkel-Äpfel auf Sauerkraut 126
Saure Brodwerscht 98
Saure Kalbsnieren 106
Saure Muscheln 80
Saure Pfannkuchensuppe 62
Saure Sahne (Warenkunde) 11
Schärrkuchen 40
Schbofaki 117
Schichtkäse: Pikant angemachter Quark 22
Schichtsalat 54
Schinken
Gefüllte Wachteln 108
Meerrettich-Sülzchen mit Schinkenbrot 26
Nudelsalat mit Endivie und Schinken 54
Panierte Schinkenscheiben 100
Porree mit Schinken 128
Schichtsalat 54
Spargel mit Nussbutter 120
Strammer Max 30
Wurstsalat mit Braten und Käse 32
Schmoren (Kochtechnik) 17
Schmortopf (Kochtechnik) 17
Schnecken im Teig 36
Schnittlauch (Warenkunde) 15
Feldsalat mit Kräutersauce 44
Hecht aus dem Ofen 92
Schokoladenkuchen 152
Schokoladenraspeln (Tipp) 142
Schokosauce: Feiertags-Nachtisch mit zwei Saucen 144
Schollen: Gebratene Schollen mit Krabben 82
Schwäbischer Wurstsalat 32
Schweinefleisch
Hackepeter 24
Pikant marinierter Spießbraten 103
Soljanka 72
Spanferkel-Krustenbraten 117
Würzfleisch 40
Seezunge: Altonaer Seezungenröllchen 97
Sellerie (Warenkunde) 13
Gemüsesuppe »Quer durch den Garten« 70
Kartoffelsuppe 68

  - Lamm aus dem Ofen 112
  - Schichtsalat 54
  - Selleriesalat 50
  - Spanferkel-Krustenbraten 117
  - Wildschwein-Ragout 114
  - Wintersalat mit Bohnen und Linsen 56
  - Zander-Ragout 90
- Semmelknödel 132
- **Senf**
  - Frankfurter Grüne Sauce 28
  - Lachskoteletts mit Wein-Senf-Sauce 94
  - Rostbraten in würziger Sauce 102
  - Süßer Senf 30
  - Warener Eiernester 28
  - Wintersalat mit Bohnen und Linsen 56
  - Zwiebelsuppe mit Senf und Sahne 64
- Soljanka 72
- Sommer-Blindhuhn 68
- Sonnenwirbele 44
- Spanferkel-Krustenbraten 117
- **Spargel**
  - Gemüseteller mit Setzei 130
  - Grüner-Spargel-Salat mit Tomaten 46
  - Leipziger Allerlei mit Krebsen 124
  - Salat Gärtnerinnen Art 52
  - Spargelfond (Tipp) 120
  - Spargel mit Krabben 120
  - Spargel mit Nussbutter 120
  - Spargel schälen (Tipp) 46
- Spätzle mit Mohn 148
- **Speck** (Warenkunde) 11
  - Brathähnchen in Blättern 108
  - Brotfladen mit Speck-Zwiebeln 40
  - Hamburger Pfannenfisch 78
  - Kartoffel-Kürbis-Suppe 66
  - Krautsalat mit Speck 48
  - Pilze in Sahnesauce 126
  - Salm mit Salbei 94
  - Speckbohnen 122
  - Speckschollen (Variante) 82
  - Wintersalat mit Bohnen und Linsen 56
- Spundekäs 22
- Stampfkartoffeln 134
- Steinpilze mit Grünkern-Pfannküchlein 131
- Steinpilze, getrocknete: Kartoffel-Kürbis-Suppe 66
- Stoapilze mit Blätzjer 131
- Stockfärv 24
- Stolzer Heinrich 98
- Stralsunder Fischertopf 78
- Strammer Max 30
- Streichwurst (Warenkunde) 18
- Streuselkuchen (Variante) 151
- Stuten und Knabbeln un Beschütt 141
- Subbefleisch mit Meerrettig 112
- Suppenfleisch mit Meerrettich 112
- Süßer Senf 30
- Swiec ıssteert paneert 100

T

- etränke) 154
- er Rübchen 122
- ıger (Warenkunde) 18
- ıgische Zwiebelsuppe (Variante) 64
- hmuck 158

Tomaten
  - Grüner-Spargel-Salat mit Tomaten 46
- Tontopf (Kochtechnik) 17

U/V/W

- Überbackenes Schweinefleisch-Ragout 40
- Vanillesauce: Feiertags-Nachtisch mit zwei Saucen 144
- Wachteln: Gefüllte Wachteln 108
- Waller mit Kartoffelkruste in Biersauce 85
- Warener Eiernester 28
- Weibierlkuacha 150
- Wein (Getränke) 155
- Weinschaum: Kirschen mit Weinschaum 142
- Wein-Senf-Sauce: Lachskoteletts mit Wein-Senf-Sauce 94
- Weißkohl: Krautsalat mit Speck 48
- Weißwurst (Warenkunde) 18
- Weißwürste erwärmen (Tipp) 30
- Welscher Salat 56
- Westerländer Gurkensalat mit Lachs und Eiern 46
- Westfälische Medaillons (Variante) 30
- Wiener (Warenkunde) 18
- Wildschwein-Ragout 114
- Wildspieße mit Speckpflaumen (Variante) 114
- Winter-Blindhuhn (Variante) 68
- Wintersalat mit Bohnen und Linsen 56
- Wurschtknöpfle 100
- Würstchen (Warenkunde) 18
- Wurstsalat mit Braten und Käse 32
- Würzfleisch 40

Z

- Zander Mecklenburger Art 90
- Zander-Ragout 90
- Zerrupfte Kartoffelpuffer 134
- Ziegen-Camembert: Gebackener Käse mit Kürbis 36
- Zwetschgen: Blechkuchen mit Zwetschgen 151
- **Zwiebeln** (Warenkunde) 11
  - Bratwurst in Biersauce 98
  - Bratwürste in saurer Sauce 98
  - Dinkel-Äpfel auf Sauerkraut 126
  - Gemüsesuppe »Quer durch den Garten« 70
  - Hecht aus dem Ofen 92
  - Heringsfilets Hausfrauenart 76
  - Lachskoteletts mit Wein-Senf-Sauce 94
  - Lamm aus dem Ofen 112
  - Leberschnitten mit Äpfeln und Zwiebeln 106
  - Miesmuscheln rheinische Art 80
  - Nudelsalat mit Endivie und Schinken 54
  - Pikant marinierter Spießbraten 103
  - Pikante Suppe mit Delikatessgurken 66
  - Pilze in Sahnesauce 126
  - Saure Kalbsnieren 106
  - Saure Muscheln 80
  - Schwäbischer Wurstsalat 32
  - Spanferkel-Krustenbraten 117
  - Speckbohnen 122
  - Steinpilze mit Grünkern-Pfannküchlein 131
  - Stralsunder Fischertopf 78
  - Wildschwein-Ragout 114
  - Wurstsalat mit Braten und Käse 32
  - Zerrupfte Kartoffelpuffer 134
  - Zwiebel spicken (Tipp) 62
  - Zwiebelsuppe mit Senf und Sahne 64

REZEPTE NACH REGIONEN

Baden-Württemberg
Brotfladen mit Speck-Zwiebeln 40
Entensuppe Hohenloh'sche Art 72
Felchen mit Pfifferlingen in Weinsauce 82
Feldsalat mit Pfifferlingen 44
Kalbfleisch, Eingemachtes 38
Knödelchen mit Bröselbutter 100
Salbeimäuschen 138
Saure Kalbsnieren 106
Spargel mit Nussbutter 120
Bayern
Bayerische Creme mit Kirschsauce 146
Camembert-Käsecreme 22
Frühlingskräutlsuppe 60
Grüner-Spargel-Salat mit Tomaten 46
Johannisbeer-Baiser-Kuchen 150
Kartoffel-Kürbis-Suppe 66
Krautsalat mit Speck 48
Pikante Suppe mit Delikatessgurken 66
Pilze in Sahnesauce 126
Rostbraten in würziger Sauce 102
Rotweincreme 142
Semmelknödel 132
Senf, Süßer 30
Spanferkel-Krustenbraten 117
Waller mit Kartoffelkruste in Biersauce 85
Wurstsalat mit Braten und Käse 32
Zander-Ragout 90
Berlin/Brandenburg
Blumenkohl mit Krebssauce 124
Bratwurst in Biersauce 98
Forellen in Köstritzer Biersauce 86
Gebackene Forellen mit Kräuterbutter 86
Hackepeter 24
Karpfen blau auf Endivie 89
Kartoffelsalat mit Frühlingszwiebeln 58
Meerrettich-Sülzchen mit Schinkenbrot 26
Partysalat mit Lauch und Schinken 54
Pellkartoffeln mit weißem Käse 34
Salat Gärtnerinart 52
Soljanka 72
Stampfkartoffeln 134
Strammer Max 30
Teltower Rübchen 122
Hessen
Bratkartoffeln mit Dickmilch 34
Dinkel-Äpfel auf Sauerkraut 126
Frankfurter Grüne Sauce 28
Gedünstete Frühlingszwiebeln 122
Gemüsesuppe »Quer durch den Garten« 70
Hefekloß 132
Heringsfilets Hausfrauenart 76
Johannislauch 122
Selleriesalat 50
Steinpilze mit Grünkern-Pfannküchlein 131
Suppenfleisch mit Meerrettich 112
Norddeutschland
Altonaer Seezungenröllchen 97
Buttermilchplinsen 148
Dorsch mit Petersiliensauce 92
Eier-Krabben-Brot 27
Gebratene Schollen mit Krabben 82
Gefüllte Pflaumen mit Karamellsauce 144
Hamburger Pfannenfisch 78
Kaninchen in Rieslingsauce mit Aprikosen-Krapfen 111
Kümmelkartoffeln aus dem Ofen 134
Lachskoteletts mit Wein-Senf-Sauce 94
Lamm aus dem Ofen 112
Möhren in Eiersauce 128
Panierte Schinkenscheiben 100
Porree mit Schinken 128
Rote Beerengrütze 138
Sauerampfersuppe 60
Saure Muscheln 80
Spargel mit Krabben 120
Speckbohnen 122
Stralsunder Fischertopf 78
Überbackenes Schweinfleisch-Ragout 40
Wachteln, Gefüllte 108
Warener-Eiernester 28
Westerländer Gurkensalat mit Lachs und Eiern 46
Wildschwein-Ragout 114
Zander Mecklenburger Art 90
Pfalz
Blechkuchen mit Zwetschgen 151
Brathähnchen in Blättern 108
Bratwürste in saurer Sauce 98
Feldsalat mit Kräutersauce 44
Grüne-Bohnen-Salat 50
Grünkernsuppe 63
Hecht aus dem Ofen 92
Karpfen mit gefrorenem Meerrettich 88
Kartoffelklöße »halb und halb« 132
Kartoffelsuppe 68
Pikant marinierter Spießbraten 103
Rehschnitzel mit Apfelsinen und Hagebuttensauce 114
Salm mit Salbei 94
Rheinland
Bratfisch in Weinsud 76
Grüne Erbsensuppe mit Grießklößchen 64
Marinierte Leberwurst 24
Miesmuscheln rheinische Art 80
Nudelsalat mit Endivie und Schinken 54
Quark, pikant angemachter 22
Schnecken im Teig 36
Sachsen
Eierbrötchen mit Pflaumenkompott 146
Feiertags-Nachtisch mit zwei Saucen 144
Gemüseteller mit Setzei 130
Kirschen mit Weinschaum 142
Leipziger Allerlei mit Krebsen 124
Reis-Gemüse-Salat 52
Rotkohlsalat mit Birnen und Lauch 48
Zwiebelsuppe mit Senf und Sahne 64
Schwaben
Apfelkuchen mit Sahneguss 152
Brotauflauf mit Goldbarsch 96
Fleisch-Kartoffel-Pfanne 38
Kalbsvögerl 104
Pfannkuchensuppe, Saure 62
Spätzle mit Mohn 148
Wurstsalat, Schwäbischer 32
Thüringen
Bunter Kartoffelsalat mit Hähnchen
Gebackener Käse mit Kürbis
Leberschnitten mit Äpfeln und Zwiebeln
Westfalen
Eintopf mit frischen Bohnen
Hefebrot und Bröckchen mit Milchkaffee
Orangen-Apfel-Salat

Der Autor

REINHARDT HESS
ist zwischen Odenwald und Bergstraße, zwischen Riesling und Spargel aufgewachsen und hat schon als Kind gerne in die Kochtöpfe seiner Großmutter geschaut. Das Geografiestudium brachte ihm die landschaftlichen Grundlagen und Besonderheiten vieler Regionen sowie, als »Kür«, die diversen Küchen nahe. Er arbeitete bei der größten deutschen Kochzeitschrift und in Kochbuchverlagen, ist seit mehr als 10 Jahren freier Autor und steht immer noch gerne in seiner Küche. Er hat über 50 Koch- und Weinbücher selbst geschrieben oder daran mitgearbeitet, fünf wurden mit der Silbermedaille der Gastronomischen Akademie ausgezeichnet.

Das Fotostudio

EISING FOODPHOTOGRAPHY mit Studios in München und Kennebunkort (Maine) ist eines der führenden Fotostudios für Lebensmittelfotografie. Zum Kundenkreis gehören renommierte Redaktionen aus dem Foodbereich sowie internationale Kunden aus Werbung und Design. Die Fotos in diesem Buch wurden von Martina Görlach gemacht, die seit vielen Jahren zum Team der Eising-Studios gehört. Das Foodstyling gestaltete Michael Koch, und Ulla Krause stellte die Requisiten zusammen.

Bildnachweis

FOODFOTOGRAFIE UND TITELBILD:
FoodPhotography Eising, München
REPORTAGENFOTOGRAFIE:
Stockfood, München

PROGRAMMLEITUNG: Doris Birk
LEITENDE REDAKTEURIN:
Stephanie Wenzel
KONZEPT UND REDAKTION:
Stefanie Poziombka
LEKTORAT: Adelheid Schmidt-Thomé
KORREKTORAT: Mischa Gallé
LAYOUT, TYPOGRAPHIE, UMSCHLAG-GESTALTUNG:
independent Medien-Design, München
HERSTELLUNG: Susanne Mühldorfer
SATZ: Filmsatz Schröter, München
REPRODUKTION:
Repro Ludwig, Zell a. See
DRUCK: Appl, Wemding
BINDUNG: Conzella, München

ISBN (10) 3-8338-0146-8
ISBN (13) 978-3-8338-0146-4

Auflage	4.	3.	2.	1.
Jahr	2009	08	07	06

Ihr
GRÄFE UND UNZER VERLAG
Redaktion Kochen & Verwöhnen
Postfach 860325
81630 München
Fax: 089/41981-113
e-mail:
leserservice@graefe-und-unzer.de

GRÄFE UND UNZER

Ein Unternehmen der
GANSKE VERLAGSGRUPPE